Evaluation von Unterricht und Schule

Strategien und Praxistipps

Verlag an der Ruhr

Impressum

Titel: **Evaluation von Unterricht und Schule**
Strategien und Praxistipps

Autor: Holger Mittelstädt

Illustrationen: Magnus Siemens, außer S. 115 Ruth Mittelstädt

Titelmotiv: PhotoCase.com

Fotos: PhotoCase.com, S. 6/7, S. 11, S. 47, S. 105

Druck: Druckerei Uwe Nolte, Iserlohn

Verlag: **Verlag an der Ruhr**
Alexanderstraße 54 – 45472 Mülheim an der Ruhr
Postfach 10 22 51 – 45422 Mülheim an der Ruhr
Tel.: 02 08/439 54 50 – Fax: 0208/439 54 239
E-Mail: info@verlagruhr.de
www.verlagruhr.de

ISBN 10: 3-8346-0150-0 (bis 12/2006)
ISBN 13: 978-3-8346-0150-6 (ab 2007)

geeignet für die Klasse 1 2 3 ... 11 12 13

Gedruckt auf chlorfrei gebleichtes Papier.

Die Schreibweise der Texte folgt der neuesten Fassung der Rechtschreibregeln – gültig ab August 2006.

Für Ruth, Aaron und Elias,
die mich immer wieder lehren,
den Dingen auf den Grund zu gehen.

Zum Autor

Holger Mittelstädt ist Lehrer sowie Beauftragter für Evaluation und Öffentlichkeitsarbeit an einem großen Gymnasium und hat langjährige Erfahrung in der Lehrer- und Schulleiterfortbildung.

Daneben arbeitet er für die Schulaufsicht, ist ausgebildeter Evaluationsberater und Verfasser zahlreicher Bücher zur Schulentwicklung. Vor dem Schuldienst war er in einer PR-Agentur und als Journalist tätig.

Mit direkt einsetzbaren Hilfen für die Schule und praktisch umsetzbaren Tipps für den Lehreralltag unterstützt Holger Mittelstädt den Verlag an der Ruhr seit 2002.

Inhaltsverzeichnis

Zur Einstimmung oder: Ein Machtwort wird entzaubert

In dem deutschen Schulsystem, welches nach wie vor von einer deutlichen Vorgabementalität geprägt ist, kann die **Evaluationswelle** der letzten Jahre einerseits als eine Form der Abgrenzung gegenüber dem staatlichen Kontrollsystem verstanden werden. Andererseits zeigt das gewachsene Evaluationsinteresse auch, dass in der Schule selbst viele Wissensbestände vorhanden sind, und sie verdienen es, an das Licht der Schulöffentlichkeit geholt zu werden.

Mit dem Buch, das Sie gerade in den Händen halten, legt Holger Mittelstädt eine weitere **Praxishilfe** für Lehrer* vor. In seinem aktuellen Band beschäftigt er sich mit den Möglichkeiten (und Unmöglichkeiten) schulischer Evaluation.

Der Begriff der Evaluation, der sich in den letzten Jahren geradezu zu einem Machtwort aufgebaut hat, wird von dem Autor geschickt entzaubert. Was dabei herauskommt, ist eine **Ermutigung**, die eigenen und kollektiven Wissensbestände zu heben. Damit dieses auch erfolgreich gelingt, werden, kleinschrittig und alltagsnah, Orientierungshilfen angeboten. So kann das Buch hilfreich sein für ein erstes kleines Evaluationsprojekt im eigenen Unterricht oder Orientierung bieten für ein Vorhaben, an dem die gesamte Schulgemeinschaft schrittweise beteiligt werden soll.

Holger Mittelstädts Buch ist geeignet, Vorbehalte und Ängste gegenüber schulischer Evaluation abzubauen. Das gilt für Lehrer wie auch für Schulleitungen, deren Führungsaufgabe es ist, kräftig am Rad der Qualitätsentwicklung ihrer Schule zu drehen. Das Buch profitiert davon, dass sich Holger Mittelstädt in den letzten Jahren zu einem Experten für interne und externe Schulevaluation entwickelt hat. So beweist er nicht nur Spürsinn für Klippen und Fallstricke gut gemeinter Evaluationsvorhaben, er entwirft auch Arbeitsmaterialien selbst und adaptiert vorhandene Methoden für die Zwecke schulischer Evaluation.

---

* Aus Gründen der besseren Lesbarkeit haben wir in diesem Buch durchgehend die männliche Form verwendet. Natürlich sind damit auch immer Frauen und Mädchen gemeint, also Lehrerinnen, Schülerinnen etc.

DEIN COACH ZUM ERFOLG!

So kannst du interaktiv lernen:

Interaktive Aufgaben

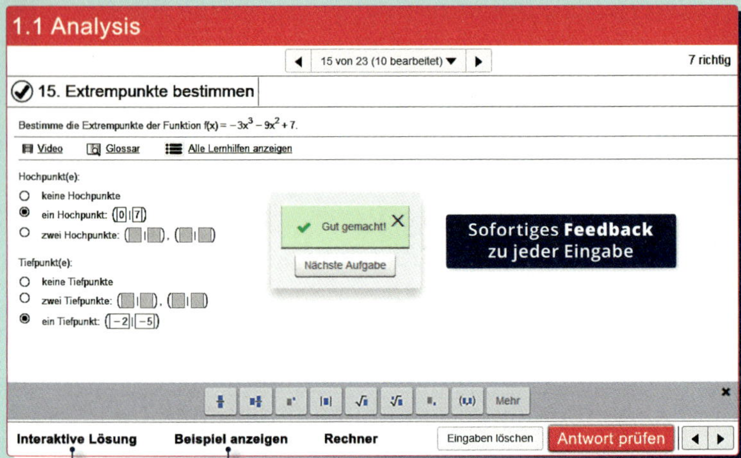

Interaktive Lösung mit kleinschrittiger Anleitung zu jeder Aufgabe

Vorgerechnetes **Beispiel** zu jeder Aufgabe

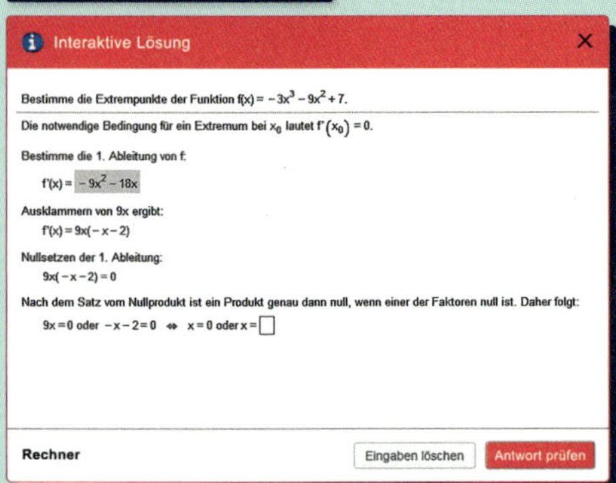

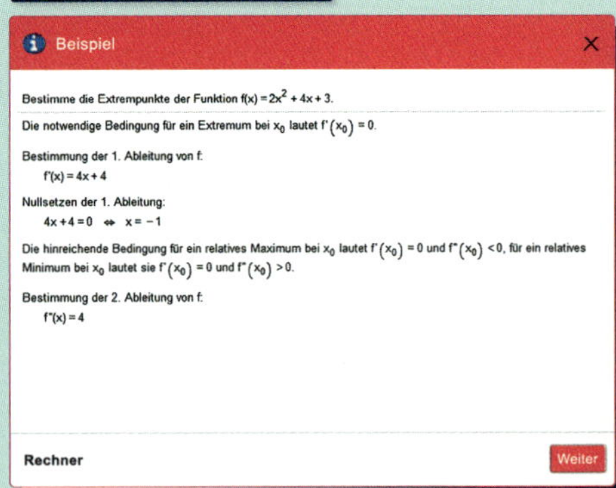

Systemvoraussetzungen:

- Mindestens 1024×768 Pixel Bildschirmauflösung
- Chrome, Firefox oder ähnlicher Webbrowser
- Internetzugang

DEIN COACH ZUM ERFOLG!

Dein ActiveBook auf My**STARK**:

Du kannst auf alle digitalen Inhalte zu diesem Band online zugreifen. Registriere dich dazu unter **www.stark-verlag.de/mystark** mit deinem **persönlichen Zugangscode:**

C01500-001556

Die Inhalte dieser Auflage stehen bis Schuljahresende zur Verfügung.

My**STARK**

Das Active**Book** *bietet dir:*

- Viele zusätzliche interaktive Übungsaufgaben zu allen prüfungsrelevanten Kompetenzbereichen
- Sofortiges Feedback und Auswertung der Ergebnisse
- Interaktive Lösungen: in kleinen Schritten zum Ergebnis
- Vorgerechnete Beispiele als weitere Hilfe
- Lernvideos mit Erklärungen zu zentralen Themen
- Online-Glossar zum Nachschlagen wichtiger Definitionen

Dass die interne Evaluation in diesem Buch ergänzt wird um die Schulinspektion, ist nicht nur der sich aktuell bundesweit etablierenden Qualitätsprüfung von Schule geschuldet. Vielmehr wird deutlich, dass aus interner und externer Evaluation ein doppelter Evaluationszyklus entstehen kann, der produktive Spannungen innerhalb der Einzelschule erzeugen wird. Folgt man an dieser Stelle noch einem Grundsatz aus dem niederländischen Inspektorat, so dürfte zukünftig hoffentlich gelten: **„Je besser die Selbstevaluation, desto weniger Inspektion."**

Ich stimme mit dem Autor darin überein, dass Evaluation als ein Königsweg im Prozess schulischer Organisationsentwicklung zu verstehen ist. Wenn die individuellen und informellen Wissensbestände kollektiv geteilt werden, können tradierte Positionen überdacht und weiterentwickelt werden. So profilieren sich Schulen in Zukunft noch stärker als *Lernende Organisationen* – zum gemeinsamen Nutzen der Lernenden und Lehrenden.

Ich wünsche dem Buch eine weite Verbreitung sowie Leser, die unerschrocken und tatkräftig zu Akteuren von Schulentwicklung werden.

Dr. Katrin Düring
Schulvisitation Bundesland Brandenburg

Sie haben noch nicht ...?

Wie bitte, Sie haben noch nicht Ihren Unterricht evaluiert? Sie haben noch nicht Ihre Unterrichtsqualität überprüft? Sie haben sich noch nicht um Qualitätssicherung bemüht? Ich wette, Sie haben! Oder haben Sie noch nie gefragt: „Habt ihr das jetzt verstanden"? Ist Ihnen noch nie ein „Alle mal melden, die schon fertig sind" über die Lippen gekommen? Wollten Sie von Ihren Schülern noch nie wissen, „ob der Wandertag Spaß gemacht hat"?

Na sehen Sie, Sie haben ja doch schon evaluiert! Evaluation gehört heute zur **„Pedagogical Correctness"**. Aber nicht nur, weil das Wort in aller Munde ist und Sie durch Schulleiter und Minister dazu gezwungen werden, sollten Sie sich damit beschäftigen. Nein, ich bin davon überzeugt, **Evaluation hat ihren Sinn und ihre Daseinsberechtigung!** Es geht um die Messung, Sicherung und Verbesserung von Qualität in Schule und Unterricht. Und so müssen Sie sich eben nicht nur damit beschäftigen, weil es alle machen, sondern weil Sie hoffen und glauben, ein ganz kleines bisschen Schule und Unterricht positiv verändern zu können.
Übrigens: Nach der 3. IFS-Lehrerumfrage zu Schule und Bildung (Institut für Schulentwicklung Dortmund) vom Juni 2006 halten 85 % der befragten Lehrer die Selbstevaluation von Schulen für unstrittig.

Dieses Buch soll keine wissenschaftliche Abhandlung über die Theorie und den empirischen Hintergrund von Evaluation sein. Vielmehr möchte dieses Buch versuchen, Ihnen einen **praktischen Einstieg** in dieses interessante und wichtige Thema zu geben sowie durch zahlreiche Beispiele **Hilfestellungen** zur eigenen Umsetzung bieten. Es ist deswegen auch nicht von einem Mitarbeiter eines Instituts für empirische Erziehungswissenschaften und schon gar nicht von einem Statistiker verfasst, sondern von einem Praktiker, der sowohl umfangreiche Unterrichtserfahrungen an verschiedenen Schultypen als auch die Erfahrungen interner und externer Schulevaluation (Schulinspektion) mitbringt.

Holger Mittelstädt

kapitel

1 Evaluation im Überblick

E valuation ist der

V ersuch, eine

A nnahme durch Daten zu untermauern.

L

U

A

T

I

O

N

1.1 Was ist Evaluation?

Mit Definitionen ist es so eine Sache. Manchmal helfen sie einem, manchmal verwirren sie. Eine Definition für den Begriff Evaluation an den Anfang zu stellen, ist sinnvoll. Auch wenn sich das Wort Evaluation im Laufe der Zeit bzw. im Laufe Ihrer Erfahrungen mit ihr verändern und erweitern wird. Zuletzt ist schulische Evaluation immer davon geprägt, wie Sie persönlich mit ihr umgehen. Es gibt zahlreiche Definitionen für den Begriff Evaluation.

Grundsätzlich und ganz allgemein gilt: **Evaluation ist Bewertung.**

Was unterscheidet aber den Begriff Evaluation dann von der Leistungsbeurteilung im Unterricht? Hier lohnt es sich, einen Blick auf das zu werfen, was mit der Evaluation bewertet werden soll: Im Bildungsbereich ist dieses nämlich nicht vorrangig die Schülerleistung. In der Evaluation geht es um Prozesse (wobei die Schülerleistung natürlich streng genommen auch ein Prozess sein kann), es geht um Strukturen, um Ergebnisse.

Die **Gesellschaft für Evaluation** (DeGEval) findet für sich diese Definition, die inzwischen vielfach zitiert und verwendet wird:

> Evaluation ist die systematische Untersuchung des Nutzens oder Wertes eines Gegenstandes. (...)
>
> Die erzielten Ergebnisse, Schlussfolgerungen oder Empfehlungen müssen nachvollziehbar auf empirisch gewonnenen qualitativen bzw. quantitativen Daten beruhen.

Wird in der oben angeführten Definition von einem **Gegenstand** gesprochen, so kann das in der Schule natürlich vieles sein: Die Schule als Ganzes, das Lehrerhandeln, das Schüler-Lehrer-Verhältnis, das Fächerangebot oder die Unterrichtsqualität oder ... Und dieser Gegenstand soll nicht irgendwie untersucht werden, er soll **systematisch** betrachtet werden. Das bedeutet, dass man sich nicht nur einen Einblick in einen Teilbereich verschafft und anschließend verallgemeinert, sondern dass dieser Über- und Einblick tatsächlich systematisch stattfindet.

Denn eines darf nicht vergessen werden. Schon Mark Twain sagte:
Man muss die Tatsachen kennen, bevor man sie verdrehen kann!

Die Untersuchung des Gegenstandes bezieht sich immer auf ein **Ziel**. Es soll betrachtet werden, welchen **Nutzen** oder **Wert** der Gegenstand für das Erreichen des Zieles hat. In der Schule könnte das heißen: Die Klasse führt eine Klassenfahrt durch. Ziel der Klassenfahrt ist es, die Gemeinschaft unter den Schülern zu stärken. Wird die Klassenfahrt evaluiert, dann mit dem Ziel, festzustellen, ob sich in den zwischenmenschlichen Beziehungen der Schüler etwas verändert hat. Es würde also z.B. nicht um Fragen gehen wie: Hat euch die Jugendherberge gefallen? Seid ihr mit der Organisation zufrieden gewesen? Die Evaluation sollte dann tatsächlich auf das Ziel „Gemeinschaft" abzielen. Nebenbei: Dass es verschiedene Indikatoren für den Untersuchungsgegenstand „Klassengemeinschaft" gibt, ist selbstverständlich. Aber zu Indikatoren, Praxisdeskriptoren, Items und sonstigen Wortungeheuern später mehr ...

Weiterhin legt die oben angeführte Definition nahe, dass es nie Evaluation um der Evaluation willen geben kann. Evaluation ist nie Selbstzweck, vielmehr stehen am Ende **Ergebnisse**. Diese Ergebnisse sind zunächst einmal frei von jeglicher Interpretation. Es sind manchmal die „nackten Zahlen". Erst aus den Ergebnissen können dann **Schlussfolgerungen** gezogen werden, die über den Erfolg des gesamten Evaluationsvorhabens entscheiden. Denn Evaluation ohne den Blick in die Zukunft und eine **Empfehlung** für das weitere Vorgehen ist überflüssig.

Und schließlich: Evaluation beruht immer auf **Daten**, die **empirisch** gewonnen werden. Ein Datum (ja, ja, das ist der Singular von Daten!) kann eine Zahl, eine Aussage, ein Ergebnis usw. sein. Diese Daten werden qualitativ oder quantitativ erhoben. Das bedeutet also entweder „Mit welchem Notendurchschnitt verlassen die Schüler die Schule?" (qualitatives Datum) oder „Wie viele Schüler erreichen den angestrebten Schulabschluss?" (quantitatives Datum). Und das Wörtchen „empirisch" deutet darauf hin, dass man die Datenerhebung nicht irgendeinem Zufall überlässt, sondern dass man systematisch, also auf einem wissenschaftlichen, methodischen Wege, vorgeht, um verlässliche Ergebnisse zu erhalten, womit wir wieder beim Anfang der Definition wären.

Ein kleiner Hinweis verdient noch das Wort „nachvollziehbar". Die **Ergebnisse** eines Evaluationsvorhabens müssen immer **nachvollziehbar** sein. Das hat vor allem folgende Gründe:

- Wird zu einem späteren Zeitpunkt eine ähnliche Untersuchung geplant, z.B. um Vergleichswerte zu erhalten, muss erkennbar sein, nach welchen Regeln und Maßstäben die erste Untersuchung stattgefunden hat.
- Evaluation schafft immer Ergebnisse. Diese Ergebnisse müssen für alle Beteiligten nachvollziehbar sein, denn sie werden schonungslos und in aller Offenheit nicht nur die Glanzseiten eines Gegenstandes, sondern eventuell auch Probleme und Entwicklungsbedarf aufzeigen. Der Mensch neigt im Allgemeinen dazu, sich zu rechtfertigen, wenn er angegriffen wird. Darüber hinaus steht er in der Gefahr, für Kritik immer sofort Erklärungsversuche zu finden und sie zu relativieren, statt diese einfach mal zu akzeptieren. Dann ist es gut, wenn aufgezeigt werden kann, auf welche Art und Weise ein Ergebnis zu Stande gekommen ist.
- In vielen Untersuchungen werden Fragen des Datenschutzes berührt. Hier ist man in der Nachweispflicht. Hier muss man ganz besonders sorgfältig vorgehen und im Einzelfall aufzeigen können, dass alle Belange des Datenschutzes berücksichtigt wurden.

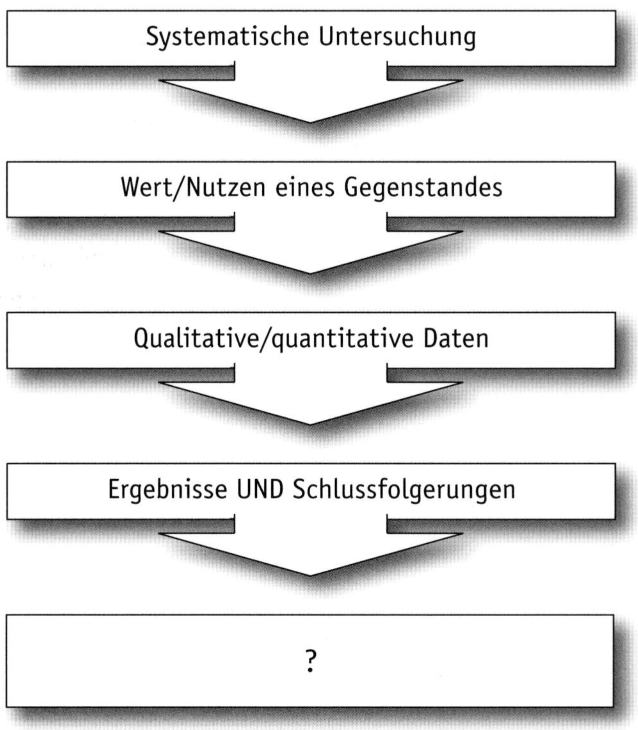

1.2 Brauchen wir überhaupt Evaluation?

In Diskussionen zeigt sich immer wieder, dass es Evaluations-Befürworter und Evaluations-Gegner gibt. Sie gehören wahrscheinlich schon zur erstgenannten Gruppe, sonst würden Sie dieses Buch ja wohl kaum lesen. Oder sind Sie noch unentschlossen? Dann sind die folgenden Kapitel für Sie besonders wichtig. Auch wenn ich weiter unten einige Argumente gegen die Evaluation aufführe, werden Sie sehr schnell merken, dass aus meiner Sicht eigentlich nichts gegen das richtige Evaluationsvorhaben zur rechten Zeit spricht. **Wer Evaluation betreibt, kann eigentlich nur gewinnen!** Nur vergessen Sie nicht, sich an einige Standards (siehe Kap. 1.5) zu halten.

≋ *Was spricht für Evaluation?*

Nehmen Sie sich etwas Zeit und überlegen Sie, was für Sie an der Evaluation wichtig ist. Warum haben Sie sich dazu entschieden, dieses Buch zu lesen? Geht es nur darum, etwas zu machen, weil es ‚in' ist oder weil alle es machen? Oder hat der Schulleiter Ihnen diesen Arbeitsauftrag erteilt? Oder sind Sie vielleicht sogar davon überzeugt, dass Evaluation für die Schule tatsächlich einen Nutzen haben kann?

Nennen Sie einige Beweggründe und einige Hoffnungen für die Schule, die Sie mit einer effektiven Evaluation verbinden.

Beweggründe für Evaluation	Hoffnungen für die Schule

Der ureigenste Grund für die Durchführung von Evaluation in der Schule und im Unterricht hat natürlich mit dem Sinn und Ziel von Schule und Unterricht selbst zu tun. Die Schulgesetze (nehmen Sie ein x-beliebiges oder das Ihres Bundeslandes) verraten einem, dass Schule und Unterricht die *„wertvollen Anlagen der Schülerinnen und Schüler zur vollen Entfaltung bringen und ihnen ein Höchstmaß an Urteilskraft, gründliches Wissen und Können vermitteln."* (Beispiel aus dem Schulgesetz für das Land Berlin vom 26. Januar 2004, Paragraph 1). Dieses geschieht vorwiegend im Unterricht und somit steht die **Qualität des Unterrichts** (Qualitätssicherung und -entwicklung) im Mittelpunkt jeglicher schulischer Evaluationsvorhaben. Wenn Sie also jemand nach Ihren Gründen für Evaluation fragt, können Sie mit ruhigem Gewissen als Erstes auf die Qualitätssicherung im Unterricht verweisen.

Viele deutsche Schulgesetze verweisen darüber hinaus natürlich auch noch direkt auf die schulische **interne und externe Evaluation**. *„Schulen überprüfen regelmäßig das Erreichen ihrer pädagogischen Ziele und die Umsetzung ihrer verabredeten Arbeitsschwerpunkte oder ihres Schulprogramms (interne Evaluation) und können sich dabei durch Dritte unterstützen lassen."*
(Beispiel aus dem Gesetz über die Schulen im Land Brandenburg vom 2. August 2002, Paragraph 7)

Evaluation setzt vor allem da an, wo Sie **Differenzen** spüren, vermuten oder wahrnehmen. Das können z.B. diese Differenzen sein:
- Differenz zwischen Erwartung und Ergebnis,
- Differenz zwischen Klasse A und B,
- Differenz zwischen Wollen und Können.

Evaluation versucht, dieser Differenz auf den Grund zu gehen, sie zu bewerten und zu interpretieren.

Auslöser könnten darüber hinaus sein:
- Es treten Schwierigkeiten oder Probleme auf, die nicht mehr länger ignoriert werden können und nach deren Ursachen nun gesucht werden soll.
- Eine neue Initiative oder ein neues Projekt soll ausprobiert und dessen Durchführung anschließend gerechtfertigt werden.
- Die Planung eines Vorhabens, einer Unterrichtsstunde, einer Themeneinheit und die anschließende Durchführung weichen stark voneinander ab.
- Die Schule oder ein Fachbereich gibt sich ein schulinternes bzw. fachliches Curriculum, dessen Angemessenheit und Erfolg überprüft werden muss.

- An der Schule gibt es verschiedene pädagogische Ansätze, über die viel miteinander diskutiert oder sogar gestritten wird.
- Konflikte in der Klasse, im Kollegium oder mit den Eltern treten auf und müssen geklärt werden.

Systematisch betrachtet gibt es (mindestens) **vier verschiedene Gründe** dafür, Evaluation in der Schule zu betreiben:

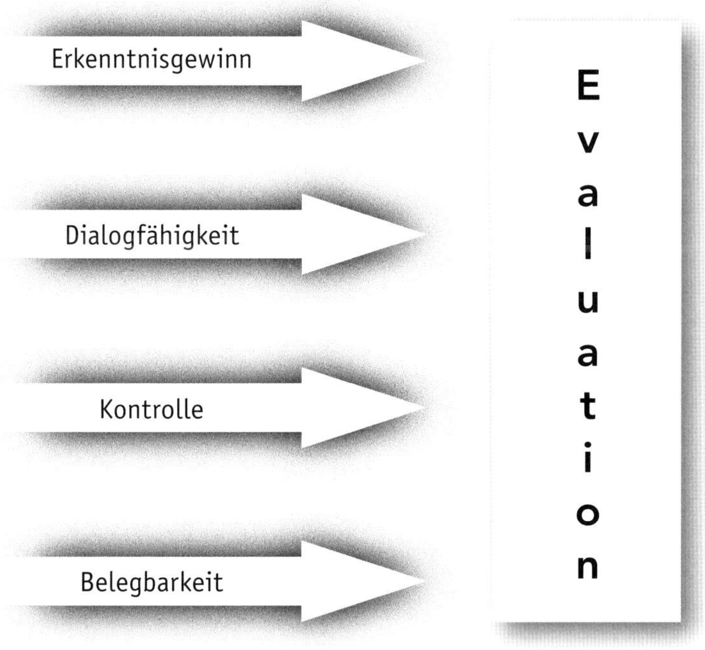

Einer dieser vier Bereiche wird Ihr Handeln in Bezug auf die Evaluation immer bestimmen. Er kann hervortreten und die anderen in den Hintergrund treten lassen, es können Ihnen jedoch auch verschiedene Bereiche wichtig sein und gleichberechtigt Ihre Interessen an einem Evaluationsprojekt steuern.

Alle vier Bereiche werden nie gleichzeitig mit gleicher Gewichtung in der Evaluation eine Rolle spielen. In einem Fall ist Ihnen die Kontrolle eigenen unterrichtlichen Handelns besonders wichtig, in einem anderen Fall, z.B. auf einer Elternversammlung, die Belegbarkeit bestimmter Entwicklungen in einer Schulklasse.

Erkenntnisgewinn

Wieso, weshalb, warum? Wer nicht fragt, bleibt dumm.
(Sesamstraße)

Sie wollen wissen, mit welchen Methoden Ihre Schüler am besten gelernt haben? Warum interessiert Sie das? Die Gewinnung einer neuen Erkenntnis kann ja noch nicht alles sein. Dahinter steckt vermutlich mehr:

- Sie brauchen den Erkenntnisgewinn, um in Zukunft die Unterrichtsqualität zu halten oder sogar zu verbessern und zu steigern.
- Sie möchten sich selbst vergewissern, dass die gewählte Methode oder eventuell die gesamte Unterrichtsführung die richtige ist.
- Sie möchten weiterplanen und brauchen dazu einen aktuellen Kenntnisstand.
- Das Kollegium möchte erfahren, wie es mit den gemeinsam verabredeten Regeln für den Unterricht steht, ob die Richtung noch stimmt und das Gewünschte auch tatsächlich eingetroffen bzw. noch vorhanden ist.

An erster Stelle steht also immer das **Bedürfnis nach mehr**, nach detaillierterem Wissen. Dieses ist sozusagen das Grundbedürfnis der Evaluation.

Dialogfähigkeit

Hast du keine Daten, können wir nur raten!

Wenn Sie mit Kollegen und der Schulleitung in Dialog treten möchten, werden Sie kaum weiterkommen, wenn Sie lediglich mit Meinungen und Ahnungen argumentieren.

Oft genug gelingt es Menschen, mit Totschlagargumenten Diskussionen zu beenden. „Ich habe gehört, dass viele unzufrieden sind“ hilft einem nicht wirklich weiter. Hier liegt vielmehr die Vermutung nahe, dass der „Ich habe gehört“-Sager selbst unzufrieden ist und sein Argument mit fadenscheinigen Formulierungen zu untermauern versucht.

Am Ende jedes Evaluationsvorhabens muss die **Bewertung** der erhaltenen Ergebnisse stehen. Diese sollte immer **im Dialog** mit anderen erfolgen, sonst geschieht es zu schnell, dass man zu einer zu einseitigen Interpretation der Daten kommt.

Wird mit Schülern über die Ergebnisse einer Klassenbefragung gesprochen, können sich diese nicht mehr hinter ihren vorgefertigten Meinungen verstecken. Vielmehr kann daraus die Einsicht entstehen, dass sich nur dann etwas ändern kann, wenn viele gefragt und miteinbezogen werden und mitmachen. Besonders in der **Diskussion mit Schülern** verändert nicht nur der Erkenntnisgewinn durch die Evaluation, sondern auch die Tatsache, dass diese überhaupt durchgeführt und besprochen wurde, zukünftige Handlungs- und Verhaltensweisen.

Eine Kollegiumsdiskussion zu einer Befragung kann dem Kollegium zeigen, dass auch dessen Wünsche und Vorstellungen ernst genommen werden. Gemeinsame Standards können verabredet und präzisiert werden.

Kritische Ergebnisse führen in Diskussionen oft zu dem Versuch, sich dafür zu rechtfertigen und Gründe zu suchen, warum eigentlich alles ganz anders ist. Achtung: Es ist sehr schwer, Kritik, die einen selbst betrifft, anzunehmen. („Ich mache immer alles richtig. Wegen der anderen haben wir so schlechte Ergebnisse.")

Kontrolle

„Wer dem Meer vertraut, kennt es nicht."
(aus Griechenland)

Bei der Kontrollfunktion von Evaluation geht es nicht nur darum, eine Erkenntnis über einen speziellen Bereich des Unterrichts zu gewinnen.
Die **Kontrollfunktion** sieht genauer hin:

- Sie möchten kontrollieren, ob die ausgewählte Methode den erhofften Erfolg hatte?
- Sie möchten kontrollieren, ob alle Schüler den Prozess durchlebt haben?
- Sie möchten kontrollieren, ob bei Ihren Schülern Projektarbeit erfolgreicher als das lehrerzentrierte Unterrichtsgespräch ist?
- Sie möchten kontrollieren, ob lernstarke Schüler in Ihrem Unterricht oft unterfordert sind?

Verbringen Sie gelegentlich Ihren Urlaub an der Ostsee? Dann wissen Sie, was ich meine: Eine Schulklasse gleicht oft dem Meer. Jeden Tag sieht das Meer anders aus. Mal ist es ruhig wie ein großer See mit glasklarem Wasser,

dann wieder aufgewühlt und trüb. An einem Tag wirkt es unheimlich und anziehend, an einem anderen wiederum friedvoll und tiefgründig. So geht es Ihnen vielleicht auch mit Ihren Schulkassen. Klar, der Atlantik vor Bordeaux ist oft stürmisch, die Ostsee vor Rerik meist relativ ruhig. So gibt es auch Schulklassen, die mehr der Ostsee, dem Atlantik oder dem Mittelmeer ähneln.

Das oben angeführte Zitat soll Ihnen eine Warnung sein. Natürlich müssen Sie Ihrer Klasse vertrauen. **Aber manchmal ist Kontrolle eben doch besser.** Auch wenn Sie schon lange im Schulgeschäft sind und denken, Sie sind ein alter Hase, dem nichts entgeht, ist es doch gelegentlich besser, zu kontrollieren, ob Ihre Annahmen mit den Tatsachen übereinstimmen. Mit der Kontrolle überprüfen Sie natürlich nicht nur Schüler und deren Verhalten, sondern vor allem auch Ihr Handeln in Bezug auf Unterrichtsqualität.

Besonders die externe Evaluation (z. B. in Form der Schulinspektion) hat die Funktion der Kontrolle. Hier wird z.B. kontrolliert, inwieweit Unterricht effektiv und den Vorgaben entsprechend organisiert wird (s. Kap. 1.4).

Eine **reine Kontrollfunktion** von Evaluation ist jedoch für alle Beteiligten wenig hilfreich bzw. sogar **schädlich.** Wird nur überprüft, ob alles richtig läuft, gibt es starke Hierarchien zwischen Kontrollierern und Kontrollierten. Dann wird sich schnell ein Täter-Opfer-Verhältnis einstellen. Das Opfer wird kaum bereit dazu sein, das eigene Handeln tatsächlich zu reflektieren und ggf. Veränderungen vorzunehmen. Evaluation ist dann nicht mehr von Akzeptanz geprägt, sondern von Misstrauen. Schlussfolgerungen haben keine Auswirkungen mehr.

Belegbarkeit

„Mir wird von alledem so dumm,
als ging mir ein Mühlrad im Kopf herum. (...)
Denn, was man schwarz auf weiß besitzt,
kann man getrost nach Hause tragen."
(J. W. v. Goethe, Faust)

Sie werden immer wieder in die Lage geraten, sich vor anderen rechtfertigen zu müssen. Egal, ob der Unterricht, eine Klassenreise, eine besondere Veranstaltung oder das Klassenklima evaluiert werden soll. Immer muss man sich

vor anderen rechtfertigen. Rechtfertigen für die gewählte Methode, für das Verhalten der Schüler, für die Ergebnisse, für die Information der Eltern.

Die Evaluation bietet zur Belegbarkeit der eigenen Arbeit hervorragende Möglichkeiten. Es wird sehr strukturiert gearbeitet, es gibt eine genaue Vorplanung mit klaren Zielen, die durchgeführten Aktionen sind überschaubar, die Ergebnisse liegen schwarz auf weiß vor, sie lassen sich gut präsentieren.

Zu guter Letzt sehen es die Schulgesetze vor, dass Lehrer in regelmäßigen Abständen bzw. bei der Bewerbung auf bestimmte **Funktionsstellen** dienstlich beurteilt werden. Auch in diesem Zusammenhang werden Sie Daten, die Sie aus eigenen Evaluationsvorhaben gewonnen haben, zum Beleg Ihrer eigenen pädagogischen Arbeit und zu Ihrem persönlichen Nutzen verwenden können.

≋ *Was spricht gegen Evaluation?*

Im vorangegangenen Kapitel habe ich einige Gründe für die Evaluation benannt. Es gibt aber auch zahlreiche **Argumente gegen Evaluation**, auf die Sie vorbereitet sein müssen, die Sie vielleicht aber auch schon kennen:

- *Die Arbeitsbelastung ist schon hoch genug!* → Evaluation soll nicht nur Arbeit machen, sie soll auch Arbeit leichter machen.
- *Man muss das hartgekochte Ei nicht mit der Abrissbirne öffnen.* → Richtig! Jede Evaluation sollte angemessen und ökonomisch sein.
- *Das, was ich wissen will, kann man nicht mit ein paar Fragen zum Ankreuzen herausfinden.* → Evaluation ist mehr als nur Fragebogen ausfüllen. Aber dazu später mehr.
- *Man sollte nicht jeden modischen Schnickschnack mitmachen. Evaluation kommt und geht. In fünf Jahren redet niemand mehr darüber!* → Wenn es sich nur um eine Modeerscheinung handelt, ist doch verwunderlich, dass sich so viele Menschen an Schulen, Universitäten und in den Ministerien bereits seit Jahren mit Evaluation beschäftigen und deren Nutzen schon lange erkannt haben. Außerdem: Ein rollender Stein setzt niemals Moos an. (Tamara Danz)
- *Bisher ging es doch auch ohne!* → Stimmt! Aber die Zeiten ändern sich tatsächlich. Vielleicht hören Sie noch die Musik der 60er-Jahre. Ihre Schüler

locken Sie damit auch nur bedingt und im Sinne eines Retros hinter dem Ofen des Müßigganges hervor. So ist es auch bei der Evaluation. Veränderte gesellschaftliche Bedingungen brauchen neue Methoden – sogar in der Schule!

- *Wir haben ein ruhigeres Leben, wenn wir die Wahrheit nicht erfahren.* → Korrekt! Aber dann ist vielleicht der Lehrerberuf nicht das richtige für Sie, oder?
- *Wenn wir evaluieren, schaffen wir mit den entwicklungsfähigen Ergebnissen unseren „Vorgesetzten" nur Argumente dafür, uns zusätzlich zu trietzen.* → Evaluation soll einem vor allem selbst dienen und nicht den Dienstherren!
- *Die Beteiligten antworten doch nie ehrlich und lügen sich selbst in die Tasche. Und Schüler können ihren Lehrern damit eins auswischen.* → Es ist wichtig, die persönliche Bedeutung der Evaluation klar darzustellen, und zu erläutern, welche Folgen dieses oder jenes Ergebnis haben kann.
- *Vor lauter Ergebnissen sieht man danach den Wald nicht mehr. Datenfriedhöfe, und seien sie auch noch so schön präsentiert, führen noch lange nicht zu Verbesserungen.* → Hier gilt bereits eben Gesagtes: Soll Evaluation Folgen haben, müssen diese perspektivisch benannt und geplant werden.

In Diskussionen über den Sinn und Unsinn von Evaluation wird fortwährend manipuliert. Die Grenzen zwischen Überzeugen und Manipulieren sind fließend. Einige **Methoden der Manipulation und Überzeugung** seien hier genannt. Sie werden auf beiden Seiten verwendet, sowohl von Personen, die andere von Evaluation überzeugen wollen, als auch von den erklärten Evaluations-Gegnern. Es bleibt jedem selbst überlassen, diese zu verwenden oder bei anderen zu entlarven:

- Manche schaffen sich **Verbündete**, indem sie diese in unwichtigen Aspekten unterstützen und somit moralisch dazu verpflichten, einen selbst auch zu unterstützen.
- Bekannt ist der Trick, das **Vielfache** von dem zu fordern, was man eigentlich erreichen möchte. So kann man selbst noch aus einer Kompromisslösung als heimlicher Sieger hervorgehen und mehr erreicht haben, als man eigentlich wollte.

- Wenn man den anderen dazu bringt, bei **Nichtigkeiten** zuzustimmen, und dann die Forderungen immer weiter erhöht, wird dieser aus Angst vor Gesichtsverlust auch dann nicht mehr Nein sagen.
- Das **Totschlagargument schlechthin** ist: „Das machen alle anderen Schulen schon seit Langem so ..." oder „Wir sind die Letzten, die das noch nicht machen ...". Wenn man nicht hinter dem Mond leben möchte, muss man also zustimmen.
- Manche schaffen sich Verbündete, indem sie im Vorfeld der Diskussion **persönliche Beziehungen** zu den potenziellen Feinden aufbauen. Diese werden einem in einer Diskussion kaum noch schlecht gesonnen sein (Das ist unmoralisch, oder?).
- Gerne weisen Diskussionsteilnehmer auf **Untersuchungen**, **Aussagen** von hochrangigen Politikern oder Wissenschaftlern hin. Auch die Aussage „In Amerika ..." oder noch besser (seit PISA): „Im finnischen Schulsystem ..." macht Eindruck.
- „Im Moment können die Chancen nicht besser sein, mit diesem Evaluationsprojekt zu beginnen ..." Wenn man das Gefühl hat, ein besonders gutes **Schnäppchen** zu machen, schlägt man gerne zu.
- In der Diskussion bringt man sein **bestes Argument** als letztes. Das bleibt dem Publikum am besten im Gedächtnis. Fragt man permanent nach den Argumenten des Gegners (und widerlegt diese), so hat der Gegner irgendwann keine mehr. Dann bringt man (vielleicht sein einziges) Argument.
- Wirft man dem anderen **Manipulationsversuche** vor und kann diese belegen, so steht man schnell selbst auf der besseren Seite, denn der Gegner hat bestimmt nicht die Manipulationsversuche des anderen mitgeschrieben.

1.3 Interne Evaluation

In diesem Kapitel sollen die verschiedenen **Formen der internen Evaluation** kurz vorgestellt werden. Ausführliche Anregungen und zahlreiche Materialien zur Selbstevaluation finden Sie dann in Kap. 2.

≈ *Stärken und Schwächen der Selbstevaluation*

Im Bereich der Schule findet vorwiegend Selbstevaluation statt. Selbstevaluation heißt, dass **Auftraggeber** des Vorhabens und **Durchführender identisch** sind. In der Wirtschaft sieht diese Situation meist anders aus. Ein Unternehmen möchte einen bestimmten Bereich seiner Arbeit evaluieren lassen und beauftragt dazu ein spezialisiertes Institut. Das geht in der Schule nicht. Das hat Vor- und Nachteile. Die **Vorteile von Selbstevaluation** liegen klar auf der Hand:

- Derjenige, der Auftraggeber für das Evaluationsvorhaben ist, kennt die Situation, um die es geht, sehr gut.
- Die Beteiligten kennen untereinander und haben im besten Fall Vertrauen zueinander.
- Es ist leicht, Ansprechpartner zu finden.
- Aufgaben können leicht auf mehrere Personen verteilt werden.
- Es gibt kurze bürokratische Wege.

Checkliste 1:
„Selbstevaluation"

		✓
Inwiefern wird der die Evaluation durch-führende Kollege vom Kollegium, den Eltern und Schülern akzeptiert?		
Sind die Aufgaben klar benannt und verteilt? Ist die Aufgabe der Schulleitung klar?		
Wie sind die Kommunikationsstrukturen zwischen allen Beteiligten geklärt worden?		
Wie sieht der Zeitplan aus?		
Wie werden die wesentlichen Punkte schriftlich festgehalten?		
Gibt es eine Meta-Evaluation und eine Überprüfung der Ergebnisse? Wie und mit wem kann diese stattfinden?		

Natürlich hat eine Selbstevaluation auch **Nachteile.** Manche sind schon aus den aufgezeigten Vorteilen erkennbar:

- „Man kennt sich" – Deswegen könnte es gelegentlich an Genauigkeit in Planung, Durchführung und Dokumentation mangeln.
- Betriebsblindheit kann dazu führen, dass vorschnell aus Vermutungen Fakten werden.
- Unzureichende Kenntnisse über Evaluation können zu falschen oder unpassenden Fragestellungen, Planungen und wenig aussagekräftigen Ergebnissen führen.

Bei einer Selbstevaluation sollten deswegen viele Aspekte beachtet werden (siehe **Checkliste 1** „Selbstevaluation", S. 24).

≈ *Unterrichtsvorhaben*

Unterricht ist das **Kerngeschäft der Schule!** Daher ist natürlich auch die Unterrichts-Evaluation Schwerpunkt schulischer Evaluationsvorhaben. Die Evaluation des Unterrichts kann sowohl von Ihnen als Lehrer als auch von den Schülern selbst und darüber hinaus von externen Beobachtern durchgeführt werden. Erwiesenermaßen hat sich die Evaluation einer Unterrichtssequenz durch eine dritte Person, also z.B. durch einen Kollegen, der im Klassenraum hinten sitzt und alles mitansieht, als sehr effektiv für die Überprüfung der Unterrichtsqualität erwiesen. Wir kennen aber alle das Problem: Ein Grundschullehrer, der 28 Stunden in der Woche unterrichten muss, wann hat der noch Zeit dafür, sich bei einem Kollegen mit in den Unterricht zu setzen, um diesen dann zu evaluieren?
Ist es einer Schulleitung wichtig, kooperative Strukturen im Kollegium aufzubauen, wird sie hier vielleicht kreativ werden und z.B. jährlich Gutscheine für gegenseitige Hospitationen ausgeben.

Im Rahmen der Evaluation von Unterricht können verschiedene Bereiche ins Visier genommen werden:

1. Unterrichtsqualität/Unterrichtswirksamkeit

- Der Bereich der Unterrichtsqualität beinhaltet das **Zusammenspiel** aller Teilbereiche des Unterrichts, die unter den Punkten 2–5 aufgeführt sind.
- Die Unterrichtsqualität kann durch einen **externen Beobachter** beurteilt werden.

- Die erreichten Leistungen der Schüler, z.B. im **Vergleich** zu einer anderen Lerngruppe, ermöglichen ebenfalls eine Aussage über die Qualität des Unterrichts.

2. Schülerverhalten

- **Schülerselbsteinschätzung:** Die Schüler schätzen ihr Verhalten, ihre Mitarbeit und den Lernzuwachs selbst ein.
- **Schülerkooperation:** Die Schüler beurteilen, ob und inwiefern sie im Unterricht mit anderen Schülern kooperativ zusammengearbeitet haben. Sie überprüfen soziale Lernformen.
- **Sozialverhalten:** Die Schüler schätzen sowohl ihr eigenes als auch das Sozialverhalten der gesamten Lerngruppe ein.
- **Arbeitsatmosphäre:** Die Schüler beurteilen aus der Selbstsicht die Arbeitsatmosphäre und Konzentration auf das Unterrichtsthema.
- **Fremdbeobachtung:** Die im Bereich Schülerverhalten aufgeführten Punkte können natürlich auch von einer externen Person, sozusagen „von außen", und vom unterrichtenden Lehrer beobachtet und eingeschätzt werden.

3. Lehrerverhalten im Unterricht

- Das Lehrerverhalten kann sowohl in der **Selbsteinschätzung** als auch in der **Fremdsicht** beurteilt werden.
- Die Schüler können **Rückmeldungen** zum Lehrerverhalten geben. Schülerrückmeldungen können die „Lehrerpersönlichkeit", die Wahl des Stoffs, der Methoden und Medien, aber auch die gesamte Gestaltung des Unterrichts und (bei Klassenlehrern) die Leitung der Klasse betreffen.

4. Schüler-Lehrer-Kooperation

Hier geht es um das **Zusammenwirken** von Lehrern und Schülern. Haben Schüler und Lehrer das Gefühl, gemeinsam ein Ziel zu verfolgen? Wird kooperativ über die Gestaltung des Unterrichts gesprochen? Haben Schüler die Möglichkeit, selbst initiativ zu werden und eigene Lösungswege zu finden?

5. Klassenklima

Das Klassenklima kann kaum von außenstehenden Beobachtern, die nur eine oder zwei Stunden in einer **Klasse** sehen, beurteilt werden. Die Klasse selbst kann das Klassenklima am ehesten einschätzen. Selbst der Klassenlehrer bekommt nur einen Bruchteil der zwischenmenschlichen Beziehungen, die das Klassenklima ausmachen, mit.

Die Erforschung des Klassenklimas sollte sowohl die Unterrichtszeit und das **gemeinsame Lernen** als auch **Pausen- und Freizeitverhalten** miteinbeziehen und getrennt erfassen. Hier ist es besonders wichtig, nicht lediglich Kriterien abzufragen, sondern auch Indikatoren (s. Kap. 2.1) zu formulieren. Die alleinige Frage „Wie findest du das Klassenklima?“ hilft hier nicht wirklich weiter.

≈ *Projekte und besondere Maßnahmen in der Klasse*

Neben der Evaluation des Unterrichts werden vor allem die **außergewöhnlichen Vorhaben** der Klasse evaluiert. Gerade bei diesen ist man sich als Lehrer oft nicht im Klaren darüber, was das Vorhaben eigentlich gebracht hat. Das ist auch verständlich: Unterricht ist schließlich in der Regel Ihr Alltagsgeschäft. Besondere Projekte dagegen wohl eher die Ausnahme. Außerdem ist es leider immer noch so, dass man sich wegen anderer Unterrichtsformen vor den Kollegen rechtfertigen muss. Die Evaluation von Projekten u.Ä. kann manchen Kritikern den Wind aus den Segeln nehmen.

Dabei kann es um Unterrichtsprojekte zu bestimmten Themen, um Projektwochen der Klasse, um Wandertage, Exkursionen und Klassenfahrten, aber auch um Elternversammlungen, gemeinsame Feiern usw. gehen. Und immer kann eine Evaluation unter den direkt Beteiligten wie auch unter denjenigen stattfinden, die Informationen nur aus zweiter Hand bekommen.

Es ist z.B. sehr interessant, **Eltern** nach den Aussagen zu befragen, die die eigenen Kinder zur letzten Klassenfahrt gemacht haben, oder danach, was Schüler nach einer Projektwoche zu Hause davon erzählt haben. Zu Hause sagen die Schüler nämlich häufig ihre wirkliche Meinung.

≈ *Schulvorhaben*

Umfangreichere Evaluationsvorhaben können klassenübergreifend oder sogar schulumfassend stattfinden. Beispiele dafür können sein:

- **Querschnittuntersuchungen**, bei denen z.B. alle Schüler einer Klassenstufe befragt werden.
- **Längsschnittuntersuchungen**, bei der die gleiche Gruppe von Befragten über einen längeren Zeitraum begleitet wird.

- **Fächerbezogene Untersuchungen**, z.B. bezogen auf die Fachcurricula, über den Einsatz bestimmter Methoden in einzelnen Fächern.
- Evaluationen von besonderen **Veranstaltungen,** wie Schulfesten, Info-Tagen, Tagen der offenen Tür, Jubiläumsveranstaltungen.
- Evaluation bestimmter besonderer **Angebote oder Schwerpunkte der Schule** (z.B. Sprachenangebote, Sportangebote o.Ä.).
- Evaluation des **AG-Angebots** der Schule.
- Ergründung des **Schul-Images.**
- **Entwicklung der Schülerleistungen** (z.B. Abitur-Durchschnitt, Zensuren in Abgangszeugnissen).
- Evaluation der **Schülerherkunft** nach Land, Herkunftssprache, Religion, Kultur bzw. Wohnort und Anfahrt.
- Ergründung des **sozialen Umfeldes** und des Einzugsbereiches der Schule.
- Evaluation der **Schüler-, Lehrer- und Elternzufriedenheit.**
- Untersuchung der **Arbeitsbedingungen von Lehrern** (Arbeitsplatz in der Schule, zur Verfügung stehende Medien, Materialien, Arbeitszeit, Korrekturzeiten usw.).

Am Anfang der Schulprogramm-Arbeit steht immer die Bestandsaufnahme des gesamten Schulbetriebes. Diese kann in unterschiedlichen Formen durchgeführt werden. Sie kann aus Bereichen der obigen Aufzählung bestehen, sie kann aber auch in Form einer Stärken-Schwächen-Analyse durchgeführt werden. Ausführliche Beispiele zur Bestandsaufnahme finden Sie in Kap. 3.2.

1.4 Externe Evaluation

Die in den einzelnen Schulgesetzen der Bundesländer festgeschriebene externe Evaluation von Schulen ist sehr unterschiedlich organisiert. In den meisten Bundesländern gibt es inzwischen eine so genannte **Inspektion** (im Bundesland Brandenburg heißt diese „Visitation"). *„Die externe Evaluation einer Schule obliegt der Schulaufsicht. Die externe Evaluation dient dazu, die Standards, die für die Schule gelten, zu sichern, die Entwicklung und Fortschreibung der Schulprogramme zu unterstützen, Erkenntnisse über den Stand und die Qualität von Unterricht und Erziehung, Schulorganisation und Schulleben zu liefern sowie die Gleichwertigkeit, Durchgängigkeit und Durchlässigkeit der schulischen Bildungsangebote zu gewährleisten."* (Beispiel aus dem Schulgesetz für das Land Berlin vom 26. Januar 2004, Paragraph 9,3)

Die Erwartungen, die Sie als Lehrer für die eigene, die fast private Evaluation des Unterrichts haben, haben Sie also an die staatliche Schulaufsicht im Rahmen ihrer Evaluation an das Gesamtbild, das eine Schule abgibt, bzw. an das gesamte System Schule (System-Monitoring) anzupassen. Es geht hierbei dann nicht mehr um den einzelnen Schüler, ein Klasse oder Sie als einzelnen Lehrer. Vielmehr soll ein **Gesamtbild** entstehen, das natürlich, obwohl auch nur sehr begrenzt, einen Vergleich verschiedener Schulen miteinander ermöglicht.

Von einem **Schulranking**, wie es z.B. in den Niederlanden durchgeführt wird, ist man dabei aber noch weit entfernt. Dieses ist vor allem deshalb nicht möglich, weil der Abstand zwischen zwei Inspektionen an einer Schule sehr groß ist. Wird eine Schule nur alle fünf Jahre inspiziert, so sind deren Daten dann kaum mehr mit denen einer anderen Schule vergleichbar, die bereits vor einem längeren Zeitraum inspiziert worden ist. Außerdem wäre ein Ranking nur dann sinnvoll, wenn „Netto"-Ergebnisse, also unter Berücksichtigung der jeweiligen Bedingungen (soziales Umfeld, Einzugsgebiet, finanzielle und personelle Ausstattung usw.) miteinander verglichen werden würden.

Nähere Informationen und Beispiele zur Schulinspektion finden Sie in Kap. 3.3.

1.5 Standards für Evaluation

Kürzlich sprach mich mein Kollege Robert W. an: „Du, sag mal, ich wollte mal sehen, wie mein Unterricht so bei den Schülern ankommt. Was kann ich da denn am besten machen?" Meine Antwort war klar: „Befrage deine Schüler danach, was du von ihnen wissen willst." Mein Kollege sah mich etwas misstrauisch und auch ein wenig unsicher an: „Ja, und wie mache ich das am besten? Gibt es da nicht schon irgendwelche getesteten und erfolgreichen Fragebogen?" Eigentlich dachte mein Kollege dabei aber wohl eher: Muss ich mir die Arbeit neu machen und das Rad noch einmal erfinden? Ich kramte in meiner Tasche und drückte ihm einen Fragebogen in die Hand, der mir kürzlich irgendwo im Internet begegnet war. Ein dankbares Strahlen glänzte in seinen Augen.

Einige Tage später trafen wir uns auf dem Flur vor dem Lehrerzimmer wieder. Ich fragte ihn, wie denn seine Befragung so gelaufen sei. Er antwortete spontan: „Ach, eigentlich lief da alles glatt. Die Schüler haben erst ein bisschen gemurrt, dann aber bereitwillig ihre Kreuzchen gemacht. Ich habe die Blätter eingesammelt und durchgesehen. Bis auf ein oder zwei Spaßvögel haben auch alle ganz ehrlich geantwortet." Damit endete er, und ich ließ mich zu der Frage hinreißen, ob dann noch etwas passiert sei. Er verneinte, gab mir aber zu verstehen, dass er das nächste Mal eine Strichliste machen werde, um über die Antworten einen Überblick zu erhalten. Und dann sagte er den entscheidenden Satz: „Weißt du, das ist ja alles schön und gut, und ich habe ja auch den Eindruck, dass die Schüler mit mir ganz zufrieden sind, aber eigentlich passen die Fragen auf dem Blatt alle gar nicht so recht zu dem, was ich wissen wollte und was mich eigentlich interessierte ..." Da klingelte es auch schon zur nächsten Stunde, und wir gingen beide unserer Wege.

Die **Gesellschaft für Evaluation (DeGEval)** hat Standards beschlossen, auf deren Basis immer Evaluationsvorhaben durchgeführt werden sollen. Diese Standards sollten meiner Meinung nach auch für Evaluation im Bildungsbereich gelten, egal, ob große Längsschnittuntersuchungen in einem ganzen Bundesland oder nur die Auswertung der Unterrichtsreihe in der Klasse. Ich möchte Ihnen die Standards im Einzelnen vorstellen und darlegen, was diese konkret für Evaluation im Schulbereich bedeuten.

Evaluation soll folgende **vier grundlegende Eigenschaften** aufweisen:

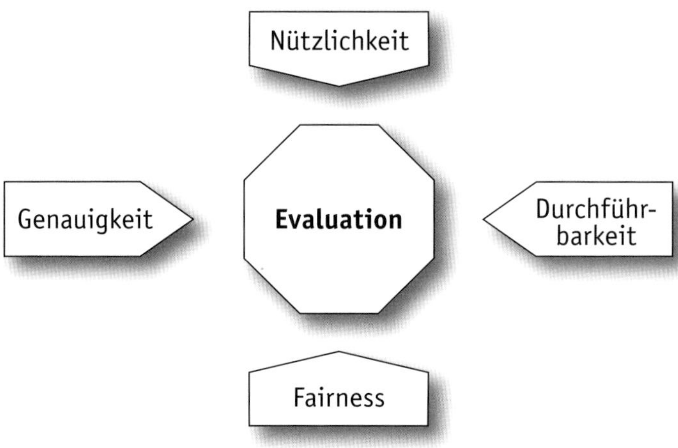

Diese vier Eigenschaften dienen zum einen dazu, sicherzugehen, dass Evaluation erfolgreich durchgeführt wird, zum anderen sollen sie aber auch sicherstellen, dass das Image der Evaluation insgesamt gesteigert und positiv gefestigt wird. Dazu erhalten Sie im Verlauf des Buches noch zahlreiche Tipps.

Was beinhalten die vier grundlegenden Eigenschaften aber nun im Einzelnen?

Nützlichkeit

Nachdem Robert W.'s erstes Evaluationsvorhaben also nicht recht geglückt war, wollte er es beim zweiten Mal besser machen. Er informierte sich bei Fortbildungen des Landesinstituts und in Gesprächen mit Kollegen. Und entschied sich dann: Das Problem mit der Lesefähigkeit meiner Siebtklässler sollte ich vielleicht einmal näher untersuchen und verfolgen. Da kann mir die Evaluation doch tatsächlich nutzen.

Ein Evaluationsvorhaben in der Schule soll sich immer am Zweck sowie am Informationsbedarf derjenigen orientieren, die diese Ergebnisse für ihre weitere Arbeit nutzen wollen. Sie führen ein Evaluationsvorhaben nicht durch, um ihr Gewissen zu beruhigen, sondern weil Sie eine bestimmte Antwort auf eine Fragestellung haben möchten. Evaluation ist also immer **zielbestimmt** und **zweckorientiert**.

Beteiligte und Betroffene

Bereits im Vorfeld muss an einer Schule geklärt werden, wer an einem Evaluationsvorhaben beteiligt und wer davon betroffen ist. Mit den Beteiligten, also ggf. denen, die die Evaluation durchführen, und den Betroffenen, also denen, die z.B. befragt werden oder Ergebnisse erhalten, müssen **Interessen und Vorstellungen** im Voraus genau geklärt werden, damit es später nicht zu Missverständnissen oder einem Scheitern des Vorhabens kommt (vgl. Kap. 2.1). Je mehr Informationen den Beteiligten, und das sind nicht nur unbedingt Lehrer und Schüler, sondern ggf. auch Eltern, die Schulaufsicht und der Schulträger, bekannt sind, desto wahrscheinlicher ist es, dass **Ergebnisse akzeptiert** und entsprechende **Veränderungen in Angriff genommen** werden. Die Öffentlichkeitsarbeit für ein Evaluationsprojekt sollte nicht dem Zufall überlassen, sondern von Anfang an mit geplant werden.

Stellen Sie also vor Beginn der Arbeit fest,

- wer das Vorhaben durchführt,
- wer befragt wird und
- wer die Ergebnisse erhält.

Klärung des Evaluationszweckes

Die Klärung des Zwecks einer Evaluation ist von großer Wichtigkeit. **Schließlich funktioniert Evaluation nur, wenn sie akzeptiert wird.** Damit ist für mich als Durchführenden selbst klar, was mein Arbeitsauftrag genau ist und was von mir erwartet wird. Für denjenigen, der evaluiert wird, besteht mit der Klärung des Zwecks die Möglichkeit, zum Vorhaben präzise Stellung zu beziehen, Kritik zu äußern und weitere Anregungen zu geben.
Stellen Sie sich vor, die Schulleitung plant einen **Projekttag**. Das Kollegium macht trotz einiger Bedenken wegen der hohen zusätzlichen Arbeitsbelastung mit. Sie evaluieren ohne vorherige Absprachen den Projekttag im Anschluss und stellen fest, dass viele der Kollegen mit dem Ergebnis des Projekttages sehr zufrieden sind. Was machen diejenigen, die den Projekttag ursprünglich gar nicht wollten? Die sind sauer auf Sie, weil der Eindruck entsteht, hier soll im Nachhinein etwas gerechtfertigt werden, was eigentlich niemand vorher wollte. Ist der Zweck einer Befragung lediglich, im Nachhinein eine Maßnahme, die vorher keiner wollte, zu rechtfertigen, dann ist der Zweck verfehlt. Vor der Umfrage hätte deutlich gemacht werden müssen, dass damit ergründet werden soll, ob sich der Projekttag tatsächlich gelohnt hat.

Glaubwürdigkeit und Kompetenz des Evaluators

Es wird erwartet, dass die Ergebnisse eines Evaluationsvorhabens glaubwürdig und der Wirklichkeit entsprechend sind. Geradezu konstituierend ist also, dass derjenige, der die Evaluation durchführt, selbst glaubwürdig ist. Darüber hinaus muss er die entsprechende Ausstrahlung und Kompetenz vorweisen.
Wie können Sie diese Kompetenz erlangen?

- Sie können dieses und andere **Bücher** zum Thema „Evaluation" sehr gründlich lesen (s. Literaturverzeichnis).
- Sie können Fortbildungen in Ihrem Landesinstitut für **Lehrerfortbildung** und bei freien Anbietern (z.B. bei der Cornelsen Akademie) besuchen.

- Sie können sich von **externen Evaluationsberatern** (Schulinspektoren) anleiten lassen und von ihnen lernen.
- Sie können **Lehrgänge und Seminare an Universitäten** und deren entsprechenden Instituten für Schulqualität belegen.

Und wie erarbeiten Sie sich die nötige Ausstrahlung? Das ist vielleicht die viel schwierigere Frage. Um kompetent und erfahren zu wirken, muss man es in gewissem Rahmen natürlich auch sein. Wenn Sie ein Experte sind, können Sie das auch zeigen.

Das Ergebnis eines Evaluationsvorhabens soll etwas bewirken, es soll zu einem **Dialog** kommen, der **Veränderungen** mit sich bringt. Aber genauso wird das Bild, das Ihre Schüler, Ihre Kollegen oder die Schulleitung von Ihnen hat, durch jedes einzelne Projekt mit geprägt. Auch das sollten Sie nicht vergessen.

Auswahl und Umfang der Information

Vor jedem Vorhaben müssen Sie sich genau überlegen, welche Informationen Sie benötigen, um den **Zweck der Evaluation** sinnvoll zu erreichen (vgl. Kap. 2.1). Wenn Sie einen bestimmten schulischen Bereich im Auftrag einer anderen Person evaluieren, z.B. auf Wunsch der Schulleitung, dann klären Sie vorher genau, welche Informationen Sie wirklich benötigen und abfragen müssen. Geht es z.B. um eine Auswertung der Auslandskontakte einer Schule, werden Schüler vielleicht nach ihrer Fremdsprachenfolge und nach ihrem Geschlecht, aber wohl seltener nach dem Musikinstrument befragt, das sie spielen.

Der Aufwand, den Sie mit einer Evaluation haben, ist nicht viel höher, wenn Sie statt 30 Fragen 50 Fragen stellen, der Zeitaufwand ist auch nicht viel größer, wenn Sie statt 150 Schülern 220 Schüler befragen. Aber bedenken Sie: Der Akzeptanz der Befragung tut es unter Umständen nicht gut, wenn die Hälfte der Befragten denkt: „Was hat das eigentlich damit zu tun? Was soll in diesem Zusammenhang so eine Frage?“

Umgekehrt haben Sie ein Problem, wenn Sie im Nachhinein bemerken, dass die Anzahl der Fragen zu knapp bemessen war oder die Fragen nicht ausreichend präzise formuliert wurden. Wenn sich auf einmal herausstellt, dass die befragte Gruppe gar nicht der eigentliche Adressat ist. Dann haben Sie viel Aufwand gehabt und bleiben am Ende auf einem einzigen Ergebnis der Befragung sitzen: „Das nächste Mal muss über die Zielgruppe im Voraus besser nachgedacht werden.“ (vgl. Kap. 2.1).

Transparenz von Werten

Welche Werte einem Evaluationsvorhaben zu Grunde gelegt werden, muss vorher bestimmt werden. Wollen Sie die Zufriedenheit der Schüler mit dem Wandertag ergründen, müssen Sie vorher festlegen, welcher Wert zu welchem Ergebnis führt. Sie erklären den Schülern Ihr Vorhaben und besprechen gemeinsam die jeweiligen Konsequenzen. Was bedeutet es, wenn 80 Prozent der Schüler der Wandertag viel Spaß gemacht hat? Schlussfolgern Sie daraus, dass dieses ein ganz tolles Ergebnis ist, weil man es sowieso nie jedem recht machen kann? Oder sind Sie so ehrgeizig, dass Sie, um einen Wandertag in ähnlicher Form zu wiederholen, mindestens 90 Prozent Zustimmung brauchen? **Was ist die Norm?** Klären Sie diese Frage vor dem Evaluationsvorhaben bitte für sich und die zu befragende Gruppe.

Im Anschluss an die Untersuchung muss dann zwischen der Auswertung auf der einen Seite und der Interpretation der Ergebnisse auf der anderen Seite streng getrennt werden. **Fragen Sie sich vorher, mit welchem Wert Sie zufrieden wären!** Die Interpretation sollte im **Dialog** mit anderen geschehen. Erstellt der die Evaluation Durchführende im Alleingang eine Interpretation der Daten, kommt er zu schnell in den Ruf, die Statistik selbst gefälscht zu haben. In diesen Ruf geraten auch gelegentlich Meinungsforschungsinstitute, die im Interesse eines Unternehmens oder Wirtschaftszweiges ein bestimmtes Thema untersuchen sollen.

Vollständigkeit und Klarheit der Berichterstattung

Wenn Sie evaluieren, müssen die Werte und Ergebnisse, egal, wie schlecht (oder gut?) diese für Sie ausfallen, **veröffentlicht** werden. Die Informationen für die anderen müssen so aufbereitet sein, dass diese damit etwas anfangen können. Also bitte keine aufwändigen Farbgrafiken mit zig Säulen, Balken und Kreisen, die dann durch den Kopierer laufen und anschließend, grau in grau, absolut keine Aussagekraft mehr haben. Reduzieren Sie **Ergebnisse** so, dass sie vor allem

- **aussagekräftig**,
- **verständlich** und
- **nachvollziehbar**

sind. (s. Kap. 2.3)

Nachvollziehbar und verständlich sollen Daten für die entsprechende Zielgruppe sein. Wird ein Ergebnis in der Schulkonferenz vorgestellt, muss auch daran gedacht werden, dass da ggf. einige jüngere Schüler sitzen, die zum Mitreden da sind und nicht dafür, das eigene Gewissen zu beruhigen. Präsentieren Sie Ihre Daten also **zielgruppengerecht**. Eine Präsentation mit dem Beamer, bei der 45 Minuten lang eine Grafik nach der anderen an die Wand geworfen wird, ist weder für Eltern und Lehrer, geschweige denn für Schüler auszuhalten. Auch bei der Präsentation ist, wie im Unterricht, an einen Wechsel der Methoden zu denken. Schließlich ist Ihr Ziel, dass die Zuhörer etwas begreifen und nicht einschlafen.

Rechtzeitigkeit der Evaluation

Sie wissen doch, wenn das Kind erst einmal in den Brunnen gefallen ist, ist es zu spät, einen Zaun zu bauen. Das Gleiche gilt für die Evaluation. Nur hier ist es besonders schwierig. Denn Sie müssen ggf. die Fähigkeit besitzen, **vorausschauend planen und handeln** zu können. Welche Entwicklungen zeichnen sich ab? Wo gibt es leise Hinweise darauf, dass etwas nicht stimmt? An welchem Punkt muss ein bestimmter Weg bestätigt oder ein Ergebnis überprüft werden?

Ein „Man müsste mal ..." hilft hier nicht mehr weiter. Wird ein Bedarf entdeckt oder bemerkt, und sagt man das „Man müsste mal" nicht nur aus Langeweile, dann sollte umgehend gehandelt werden. Schließlich sollen die Ergebnisse danach in den Schulentwicklungsprozess miteinfließen. Es soll ja nicht nur Papier beschrieben werden, damit Papier beschrieben wird.

In Konferenzen lohnt es sich manchmal, **Abstimmungen in drei Schritten** anzugehen:

1. Wer findet die Idee gut, kann sich aber aus zeitlichen Gründen zurzeit nicht beteiligen?
2. Wer macht mit?
3. Wer ist dagegen?

Nutzung und Nutzen der Evaluation

Der gesamte Evaluationsprozess muss in der Schule so effektiv und rücksichtsvoll gestaltet werden, dass betroffene Lehrer, Schüler, Eltern und sonstige Personen ihn als positiv wahrnehmen und aus den Ergebnissen die jeweiligen **Schlüsse** ziehen bzw. einen **Nutzen** davon haben. Schon in der Vorbereitung

und Durchführung ist es wichtig, auf Befindlichkeiten Einzelner zu achten und diese auch ernst zu nehmen. Sonst besteht tatsächlich die Gefahr, dass die ganze Arbeit, egal, wie die Ergebnisse dann aussehen, am Ende „für die Katz" ist. Und das wäre doch wirklich schade. Dieses gilt im Übrigen für jedes Evaluationsvorhaben, egal, wie klein oder groß es ist.

Verwenden Sie die **Checkliste 2** „Standards für Evaluation – Nützlichkeit", um Ihre Evaluationsvorhaben genau auf ihre Nützlichkeit hin zu überprüfen.

Checkliste 2:
„Standards für Evaluation – Nützlichkeit"

Evaluationsvorhaben:	______________________	✓
Wer ist beteiligt?		
Wer ist betroffen?		
Evaluationszweck?		
Evaluator glaubwürdig und kompetent?		
Welche Informationen werden benötigt?		
Welche Werte und Normen liegen zu Grunde?		
Wie können Ergebnisse verständlich und nachvollziehbar gemacht werden?		
Welcher Zeitpunkt ist für das Vorhaben günstig?		
Welchen Nutzen hat das Projekt insgesamt?		

≋ *Durchführbarkeit*

Robert W. und sein Evaluationsvorhaben „Leseförderung in der 7. Klasse“: Während Robert W. also immer noch mit der umfangreichen Vorarbeit beschäftigt ist, kommen leise Zweifel auf: Verstehe ich das eigentlich alles? Und lohnt sich der ganze Aufwand eigentlich?

Die folgenden Standards beziehen sich auf den Prozess der Durchführung eines Evaluationsvorhabens. Dabei geht es vor allem darum, wie man Verfahren auswählt, um zu einem bestimmten Ergebnis zu kommen, es geht um den eigentlichen Vorgang der Durchführung und um die Effizienz oder Effektivität des Vorhabens.

Angemessene Verfahren

Alle Verfahren, die im Rahmen eines Evaluationsvorhabens Anwendung finden, müssen so eingesetzt werden, dass sie dem **Evaluationsgegenstand und dem erwarteten Ergebnis entsprechen**. Dabei handelt es sich nicht nur um die eigentliche Datenerhebung, sondern auch um begleitende Maßnahmen, z.B. die Kommunikation mit den am Vorhaben beteiligten Personen und Personengruppen.

Zur Beurteilung einer einzelnen Unterrichtsstunde in den letzten fünf Minuten muss kein zehnseitiger Fragebogen ausgefüllt werden. Um das Image der Schule zu ergründen, reicht wohl kaum die Frage: „Mit welcher Zensur von 1 bis 6 würden Sie das Image der Schule beurteilen?“. Konkrete Hilfen hierzu finden Sie in Kap. 2.2 „Methodenwahl und Durchführung“.

Diplomatisches Vorgehen

Belasten Sie Ihre Kollegen bloß nicht mit einem Evaluationsvorhaben, weil Ihnen das Wort so gut gefällt! Oder weil es eben modern ist! Dann werden Sie sich ganz schnell Feinde machen. Evaluieren Sie auch nicht auf ‚Gedeih und Verderb‘ alles, was Ihnen vor die Evaluations-Flinte kommt! Sonst werden Sie diese anschließend ganz schnell ins berühmte sprichwörtliche Korn werfen. Versuchen Sie lieber, im gesamten Evaluations-Geschäft diplomatisch vorzugehen. Denken Sie immer daran: Den anderen liegen die Totschlagargumente bereits auf der Zunge. Deswegen achten Sie darauf, dass Sie in Ihrer ganzen Ansprache und Ihrem Auftreten **vorsichtig und umsichtig** agieren.

Nur so erreichen Sie eine hohe Akzeptanz. Versuchen Sie es gar nicht erst, wenn Sie meinen, es müsse z.B. auf Kollegen nur großer Druck ausgeübt werden, dann machen die schon mit.

Bei manchen Personengruppen müssen Sie sich eventuell zwischen **zwei Alternativen** entscheiden:

- Die Teilnahme ist freiwillig: Nur die machen mit, die auch Lust oder Zeit haben.
- Alle machen mit, weil alle erkannt haben, dass die zu erwartenden Ergebnisse allen für die weitere Arbeit nützlich sind.

Effizienz von Evaluation

Für alle Beteiligten und Durchführenden ist grundlegend: **Aufwand und Ergebnis** eines jeden Vorhabens müssen **in einem sinnvollen Verhältnis** zueinander stehen. Wenn Sie eine Befragung mit Hilfe von selbst entworfenen Fragebogen vornehmen, dann fragen Sie nur nach den Bereichen, die sie im Moment wirklich interessieren. Handeln Sie verantwortlich und nicht nach dem Motto: „Ach, wenn die schon mal dabei sind, können die auch noch zehn weitere Fragen beantworten. Vielleicht kann ich damit später auch noch etwas anfangen."

Überprüfen Sie die Durchführung Ihres Evaluationsvorhabens mit der **Checkliste 3** „Standards für Evaluation – Durchführbarkeit".

Checkliste 3:
„Standards für Evaluation – Durchführbarkeit"

Evaluationsvorhaben:	______________________	✓
Welche Verfahren werden gewählt und sind sie angemessen?		
Wie können Sie diplomatisch vorgehen? Was sollten Sie dabei beachten?		
In welchem Verhältnis stehen Aufwand und Nutzen zueinander?		

≋ *Fairness*

„Naja, ich kann mir schon denken, was dabei rauskommt, wenn ich die Lesekompetenz meiner 7. Klasse untersuche. Der Aaron, der schneidet bestimmt super ab. Aber die Ruth-Ida ... da bestätigen sich bestimmt alle meine Vorurteile! Vielleicht habe ich dann endlich die Chance, sie loszuwerden", denkt sich Robert W. Er hält kurz inne. Aber ist mein Vorurteil eigentlich fair?

Der faire Umgang miteinander ist sehr wichtig. Auch dieser führt dazu, dass eventuell unangenehme Ergebnisse eher akzeptiert werden. Deshalb sollten folgende Punkte beachtet werden.

Formale Vereinbarungen

Alle am Evaluationsvorhaben Beteiligten haben **Rechte und Pflichten**. Welche Personen oder Personengruppen was, in welchem Zeitraum, unter Zuhilfenahme welcher Mittel, mit welchem Ergebnis unternehmen, muss schriftlich vereinbart werden. Damit sind die Beteiligten zur Erfüllung ihres Auftrages verpflichtet. Allerdings sollte hier ganz besonders die **Effizienz** (s. Abschnitt zuvor) beachtet werden. Formale Vereinbarungen sind bei kleineren oder ganz kleinen Vorhaben wohl kaum nötig. Aber schon, wenn zwei oder drei Personen mit einer Evaluation beschäftigt sind oder ein externer Auftraggeber (für Sie als Klassenlehrer vielleicht Ihr Schulleiter) vorhanden ist, lohnt es sich, die wesentlichen Punkte des gesamten Vorhabens und die Aufgabenverteilung schriftlich zu fixieren.

Schutz individueller Rechte

In der Schule haben Sie vorwiegend mit minderjährigen Schülern zu tun, deren Rechte (besonders das **Recht auf Persönlichkeitsschutz**) höchster Beachtung bedürfen. Es ist immer und in jedem Evaluationsvorhaben darauf zu achten, dass die Rechte und die Würde Einzelner nicht verletzt werden. Insbesondere der **Datenschutz** verdient Beachtung (s. Kap. 2.2).

Vollständige und faire Überprüfung

Wenn es darum geht, einen Evaluationsgegenstand zu betrachten, muss dieser vollständig untersucht werden. Sie bringen Ihren Schülern bei, Mitschüler konstruktiv zu kritisieren und ebenso positive Aspekte hervorzuheben.

Genauso ist es in der Evaluation. Sowohl die **Schwächen/negativen Aspekte** als auch die **Stärken/positiven Aspekte** sollten Beachtung finden.

Unparteiische Durchführung und Berichterstattung

In der Schule wird vorwiegend **Selbstevaluation** durchgeführt. Diese Selbstevaluation hat ihre Stärken und Schwächen (s. auch Kap. 1.3). Ob eine Selbstevaluation – das heißt, derjenige, der die Evaluation durchführt, steht selbst im System Schule – unparteiisch sein kann, ist die Frage. Eine Systemkenntnis spricht dafür, Selbstevaluation durchzuführen, hundertprozentige Unparteilichkeit wird jedoch selbst bei größter Professionalität in der Selbstevaluation kaum erreicht werden können. Jede Bewertung, die auf Grund der Ergebnisse der Evaluation erfolgt, sollte nicht von persönlichen Eindrücken und Gefühlen geleitet sein. Das ist leichter gesagt als getan, vor allem, weil mit Evaluation ja immer ein bestimmter Zweck, oft sogar ein Selbstzweck (was nicht sein sollte!), verfolgt wird. Treten unterschiedliche Sichtweisen durch eine Evaluation zu Tage, so müssen diese natürlich **neutral** dargestellt werden. Es ist sehr schwierig, nicht in Schubladen zu denken bzw. Dinge aus einer neutralen Sicht wahrzunehmen. Immer spielen Eindrücke und Rahmenbedingungen, Sympathien und Antipathien eine Rolle.
Wird ein für mich selbst als zentral gesehener Punkt in einer Untersuchung positiv beurteilt, so beurteile ich auch automatisch nebensächlichere Bereiche tendenziell positiv. Ähnlich dem Halo-Effekt aus der Physik. Ein freundlicher und gut aussehender Schüler ist nicht immer automatisch auch gut, ein Brillenträger schon gar nicht immer schlau („Kleider machen Leute"). Hier überstrahlen bestimmte Erscheinungen die neutrale Gesamtwahrnehmung. In der Psychologie ist der Halo-Effekt ein systematischer Beurteilungsfehler, der durch bestimmte Voraussetzungen Einfluss auf die Beurteilung nimmt.

Offenlegung der Ergebnisse

Entspricht das Ergebnis nicht Ihren Erwartungen? Hier haben Sie nur zwei Möglichkeiten: Sie versuchen, so gut wie möglich bei den Ergebnissen zu schummeln (frei nach dem Churchill-Motto von den gefälschten Statistiken), oder Sie vergraben die Ergebnisse heimlich, still und leise in einem tiefen Wald. Im Ernst: Es geht natürlich darum, die Ergebnisse offenzulegen und zu präsentieren. *Alle* Beteiligten müssen Zugang zu den Daten bekommen. Sonst entsteht tatsächlich sehr schnell der Eindruck, dass unliebsame Ergebnisse unter den Teppich gekehrt werden sollen.

Schlechte Ergebnisse sind für Beteiligte und Betroffene meist schwer zu vertragen. Das ist verständlich. Es gibt verschiedene **Ursachen für schlechtes Abschneiden:**

- Der untersuchte Sachverhalt ist, gemessen an den zu Grunde gelegten Werten, tatsächlich schlecht.
- Sind die zu Grunde gelegten Werte tatsächlich angemessen oder eventuell zu „scharf" formuliert?
- Die eingesetzten Instrumente haben nicht tatsächlich das gemessen, was eigentlich gemessen werden sollte.
- Es gibt für das schlechte Ergebnis Ursachen, die außerhalb der schulischen Kompetenz liegen.

Je nachdem, welcher Grund für ein schlechtes Abschneiden ausfindig gemacht wird, unterscheidet sich auch der Umgang mit diesem. Entspricht das Ergebnis den Tatsachen, dann kann positiv formuliert werden: Es wurden Bereiche entdeckt, in denen eine Klasse/eine Schule große Entwicklungsmöglichkeiten hat.

Evaluieren Sie fair? Überprüfen Sie anhand der **Checkliste 4** „Standards für Evaluation – Fairness".

Checkliste 4:
„Standards für Evaluation – Fairness"

Evaluationsvorhaben: ______		✓
Welche formalen Vereinbarungen müssen getroffen werden, die verbindlich die Aufgabenverteilung festlegen?		
Wie werden individuelle Rechte beachtet und geschützt?		
Wird vollständig und fair evaluiert? Welche Stärken und Schwächen finden Beachtung?		
Kann mit einer unparteilichen Durchführung und Berichterstattung gerechnet werden?		
Wie wird allen Beteiligten der Zugang zur Auswertung ermöglicht?		

≈ *Genauigkeit*

Nehmen wir es doch nicht so genau, denkt sich Robert W. Muss es denn wirklich darauf ankommen, dass ich alle Fragebögen auswerte? Muss ich meine Fragebögen überhaupt auswerten? Ich weiß doch sowieso schon vorher, was dabei herauskommt. Aber was mache ich eigentlich, wenn die Eltern auf der Elternversammlung dann auf einmal nachfragen? „Herr W., Sie haben doch die Befragung durchgeführt. Welche Ergebnisse und Schlussfolgerungen gibt es da?" Was mache ich dann? Und wenn dann nachgebohrt wird? „Und wie sind Sie darauf gekommen?" Tja, ...

Um nachweisbar authentische Ergebnisse zu bekommen, die auch kritischen Rückfragen standhalten, muss im Rahmen der Evaluation mit größter Genauigkeit gearbeitet werden. Nur so erhält ein Evaluationsvorhaben auch den nötigen Rückhalt, Unterstützung, Anerkennung und Glaubwürdigkeit.

Beschreibung des Evaluationsgegenstandes

Um Unklarheiten zu vermeiden, muss der Evaluationsgegenstand präzise beschrieben werden. „Wir evaluieren die Situation der Klasse XY" wäre nicht hilfreich. Es geht nicht darum, lediglich zu verallgemeinern. Präziser müsste es heißen: „Die Situation der Klasse wird evaluiert. Besonderer **Schwerpunkt** liegt auf dem Verhältnis zwischen Jungen und Mädchen sowie daraus resultierenden Grüppchenbildungen."

Kontextanalyse

Neben dem Evaluationsgegenstand muss auch der Blick auf die **Rahmenbedingungen** gerichtet werden (vgl. Kap. 2.1). Wird eine Schule als Ganzes evaluiert, so ist später nur ein Vergleich mit einer anderen Schule eines anderen sozialen Umfeldes möglich, wenn die Ergebnisse um die „äußeren" Bedingungen (also soziale Herkunft, finanzielle Ausstattung usw.) bereinigt werden. Man spricht hier von Brutto- und Netto-Ergebnissen. Inwieweit diese Bereinigung der Ergebnisse zur Herstellung eines Schul-Rankings überhaupt möglich sind, ist jedoch fraglich.

Beschreibung von Zweck und Vorgehen

Eine **detaillierte schriftliche Dokumentation** des gesamten Evaluationsvorhabens, mit Evaluationsgegenstand, Anlass, Zweck, Methoden und Vorgehen,

muss erfolgen, damit später nachvollziehbar ist, auf welchem Weg welche Ergebnisse zu Stande gekommen sind. Eine Checkliste „Untersuchungsplanung“ finden Sie dazu im Kap. 2.1.

Angabe von Informationsquellen

Zur genauen Nachvollziehbarkeit gehört es, die Quellen, aus denen Informationen bezogen wurden (z.B. aus Schülerbögen – Achtung Datenschutz –, aus Schulbroschüren, aus Statistiken usw.) genau zu benennen. Nur so kann erkannt werden, ob es sich um **verlässliche Daten** handelt. Auch die Gewichtung der einzelnen Informationen kann so besser eingeschätzt werden.

Valide und reliable Informationen

Hier kommt die empirische Sozialforschung zum Zug. Das Verfahren, das eingesetzt wird, um Ergebnisse zu erhalten, muss so ausgewählt bzw. entwickelt werden, dass es valide und reliable Informationen erzeugt. Aber dazu noch ausführlicher in Kap. 2.1.

Systematische Fehlerprüfung

Bei der Beantwortung von Fragen, beim Setzen von „Kreuzchen“, aber auch bei der Auswertung einer Umfrage unterlaufen Fehler. Deshalb ist es besonders wichtig, dass eine Überprüfung von Fehlern stattfindet. Dies kann zum einen eine **Plausibilitätsprüfung** sein (Ist das erhaltene Ergebnis nachvollziehbar? Wenn nein, woran könnte das liegen?), zum anderen sollten eingegebene Daten **von Unbeteiligten gegengelesen** und stichprobenweise überprüft werden. Die Überprüfung von Zahlen ist hier besonders wichtig. Denn Wörter, die falsch geschrieben sind, fallen einem sofort ins Auge, weil sie ‚falsch‘ aussehen. Zahlen hingegen, egal, wie falsch ihr Wert ist, sehen vom Schriftbild her immer ‚richtig‘ aus. Deswegen kommt der nachträglichen Überprüfung von Zahlenmaterial eine besondere Bedeutung zu.

Analyse qualitativer und quantitativer Informationen

Eine systematische Untersuchung aller quantitativen und qualitativen bei der Evaluation anfallenden Daten ist notwendig. Nur so kann die am Anfang des Vorhabens stehende Ausgangsfrage hinreichend beantwortet werden (vgl. Kap. 2.2).

Begründete Schlussfolgerungen

Urteilen Sie nie aus dem Bauch heraus! Versuchen Sie, den Blick einzig auf die gewonnenen Fakten zu richten. Vergessen Sie alles, was sie drumherum noch wissen oder erfahren haben!

Leichter gesagt als getan? Richtig! Das kennen Sie doch: Die Kollegen, die sagen: „Ich habe mal gehört, dass ..." oder „Viele der Kollegen denken, man müsste ...". Erfahrung und Gefühl sind sehr wichtig, und sie spielen vielleicht gelegentlich eine wichtigere Rolle in der Evaluation, als bisher behauptet wird. Aber zuerst geht es immer um **Daten und Fakten**, um die Auswertung der Informationen, die man schwarz auf weiß vor sich hat, und darum, daraus, und aus nichts anderem, begründet Schlussfolgerungen zu ziehen. Indem Sie Ihre Aussagen mit **Hintergrundinformationen** füttern, erreichen Sie, dass der Nutzer der Daten beide Informationen einschätzen kann, ob diese für ihn von Bedeutung sind.

Meta-Evaluation

Natürlich muss Evaluation auch als solche, in **größerem Rahmen** gesehen, evaluiert werden. Deswegen kommt es auf eine penible und saubere Dokumentation und Archivierung Ihrer Vorhaben an. Im Rahmen der Inspektion von Schulen wird z. B. untersucht, welche schulinternen Evaluationsvorhaben stattfinden bzw. bereits stattgefunden haben. Am besten ist es, wenn Sie sich einen Ordner anlegen, in dem Sie alle Unterlagen zu Ihren eigenen oder den Schul-Vorhaben sammeln. Das müssen nicht jeweils alle Fragebogen sein, oft reichen Planungs-, Durchführungsunterlagen und Ergebnisse.

Arbeiten Sie genau? Überlassen Sie nichts dem Zufall? Und sind Sie penibel bei der Sache? Überdenken Sie Details mit der **Checkliste 5** „Standards für Evaluation – Genauigkeit" (S. 45).

Die aufgelisteten Standards sind wichtig. Einige stehen anscheinend im Widerspruch zueinander. Wie passen ‚Effizienz' und ‚Vollständige Überprüfung' zueinander? Entweder handelt man ökonomisch und effizient oder man überprüft vollständig.

Es kann nicht oft genug betont werden: Diese Standards geben eine Richtschnur für Evaluation vor. Inwieweit die einzelnen Standards mehr oder weniger stark Beachtung bei Ihren Vorhaben finden, hängt vor allem von dem Vorhaben und natürlich auch von Ihnen selbst ab.

Checkliste 5:
„Standards für Evaluation – Genauigkeit“

Evaluationsvorhaben: ________________		✓
Wie lautet der genaue Evaluationsgegenstand?		
Wird der Kontext, z. B. das soziale Umfeld der Schule, untersucht? Welches ist der konkrete Kontext?		
Wird das gesamte Vorhaben dokumentiert? Von wem?		
Welche Quellen werden benutzt?		
Werden valide und reliable Informationen gewonnen?		
Wer prüft mit welchen Methoden die Ergebnisse auf eventuelle Fehler?		
Wie werden die qualitativen und quantitativen Informationen ausgewertet?		
Begründen Sie alle Ihre Schlussfolgerungen nachvollziehbar? Beruhen Ihre Interpretationen auf Daten?		
Wie archivieren Sie die Materialien, um eine Meta-Evaluation zu ermöglichen?		

Kapitel

2 Evaluieren – Schritt für Schritt

E

V

A

L uftige Planungen und

U nprofessionelles Vorgehen führen zu

A ufregungen und Ärgernissen.

T

I

O

N

2.1 Vorbereitung und Planung

Es gibt keinen allgemeingültigen Ablaufplan für die Evaluation schlechthin. Jede einzelne Evaluation muss gründlich geplant und durchdacht werden. Das ist intensive Denkarbeit! Trotzdem kann man sich an ein vorgefertigtes Raster halten, das hier wiedergegeben werden soll.

Die Zielformulierung, die Beteiligten, das Umfeld und die zur Verfügung stehenden Ressourcen (finanzielle, zeitliche, personelle) beeinflussen die gesamte Konzeption der Evaluation.

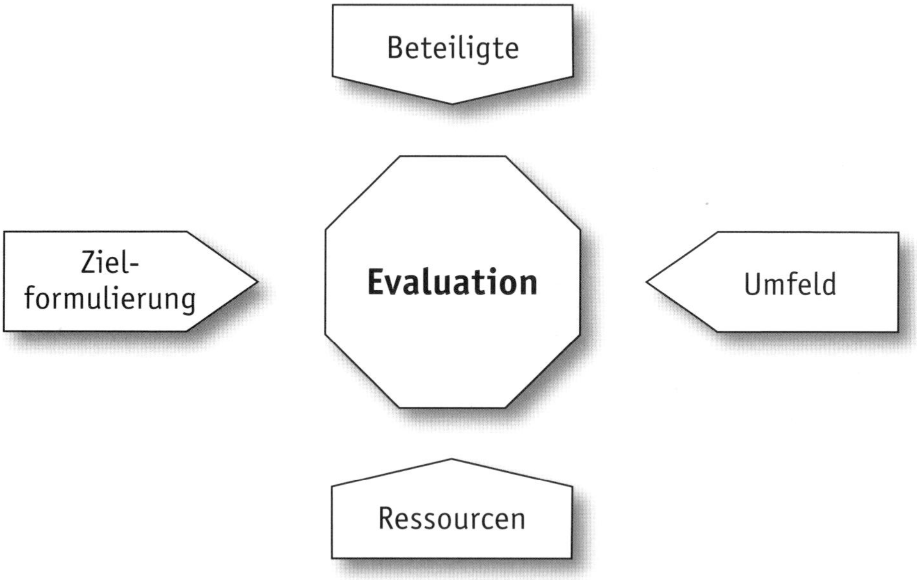

Der **Qualitätskreislauf (Abb. 1,** S. 51**)** bildet für den Ablauf der Evaluation den Rahmen. Er orientiert sich an den in Kap. 1.5 aufgeführten Standards. Am Anfang stehen sich zwei ganz verschiedene Positionen gegenüber. Sie bilden den Ausgangspunkt einer jeden Evaluation. Der Auslöser für ein Evaluationsvorhaben ist in den meisten Fällen die Frage: „Erreichen wir mit dem, was wir machen, auch tatsächlich das, was wir erreichen wollen?"

Wenn man sich diese Frage genauer ansieht, wird man feststellen, dass hier zwei unterschiedliche Positionen vorhanden sind. Zum einen ist ein **Ist-Zustand** festzustellen, auf dessen Basis etwas verändert werden muss, zum anderen gibt es den **Soll-Zustand**, das ist der Zustand, den man gerne erreichen möchte.

Der Ist-Zustand wird entweder einfach festgestellt oder angenommen (z.B. durch vorhergehende Evaluationen oder Beobachtungen), der Soll-Zustand hingegen ist festgelegt. Er bezeichnet das, was wir erreichen wollen oder müssen. Das können Vorgaben aus dem Schulprogramm, aus den Rahmenplänen, dem schulinternen Curriculum sein. Das können aber ebenfalls selbstgesteckte Ziele, Wünsche oder Vorstellungen der Schulleitung sein.

Aus dem Vergleich der Ist- und der Soll-Situation ergibt sich zunächst einmal der gesamte **formale Rahmen** des Evaluationsprojektes. Zu diesem Rahmen gehören die Beteiligten, der inhaltliche Rahmen, die zur Verfügung stehenden Ressourcen usw.

Ist dieser Rahmen genau abgesteckt, erfolgt die Bestimmung des genauen **Ziels** der Evaluation. Am besten ist es, wenn die Evaluation auf eine einzige Kernfrage reduziert werden kann, z. B.: „Erfüllt das Fremdsprachenangebot der Schule die Wünsche der Eltern?“ Keine Angst: Die blähen wir später wieder auf! Sonst würden wir es uns zu leicht machen. Auf allen Elternversammlungen würde diese eine Frage gestellt werden und wir hätten unser Ergebnis. Nein, nein, ganz so leicht ist es dann doch wieder nicht.

Ist die eine, zentrale Kernfrage gestellt, geht es darum, **Kriterien** zu finden, an denen man diese Frage festmachen kann (Akzeptanz, Zufriedenheit, Engagement usw.). In einem dritten Schritt erfolgt dann, anhand der festgelegten Kriterien, die Reduzierung auf **Indikatoren** bzw. Praxisdeskriptoren (z.B. „Wie lange brauchst du im Schnitt für deine Latein-Hausaufgaben?“, „In welche Länder verreist du gerne?“ usw.).

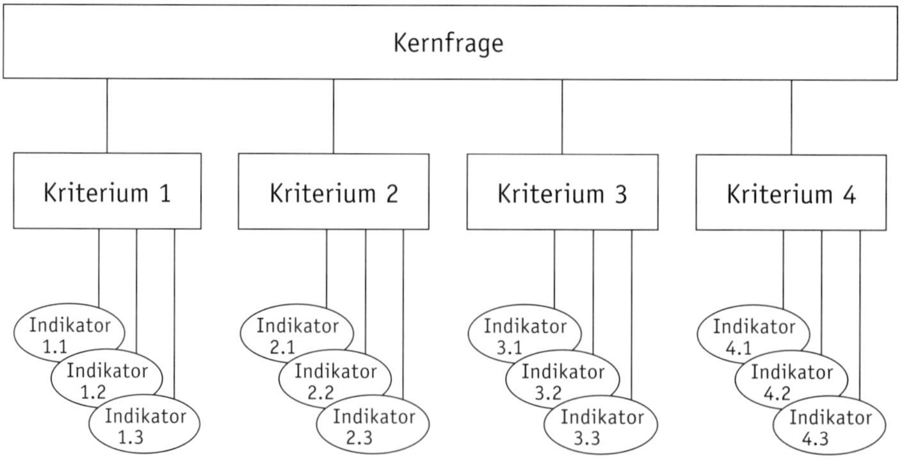

Sind die Kernfrage, die Kriterien und Indikatoren gefunden, erfolgt die Auswahl der **Datenerhebungsmethode** und die ganz konkrete **Untersuchungsplanung**. Die Auswahl der Untersuchungsmethode könnte z.B. auf eine Datenanalyse vorhandener Schuldaten hinauslaufen (z.B. Analyse der Klassenfrequenzen oder der Zensuren), ein Leitfaden-Interview käme aber eventuell genauso in Frage wie eine Erhebung mit Hilfe von Fragebogen für Schüler und/oder Eltern.

Zur Untersuchungsplanung gehören nun auch, neben dem im allgemeinen Rahmen bereits geklärten zeitlichen Umfang, eine **zeitliche Konkretisierung** und eine erneute Absicherung bezüglich der **Zuständigkeiten**.

Nach der Durchführung findet die **Auswertung** der erhobenen Daten statt. Diese müssen zunächst einmal, ohne bereits interpretieren zu wollen, ganz nüchtern zusammengefasst und ggf. verschriftlicht bzw. visualisiert werden. Die Auswertung der Daten ist meist zeitraubender als die eigentliche Durchführung der Evaluation. Nun heißt es dranbleiben! Durchhalten bis zum Schluss! Hier ist noch nicht die Arbeit beendet. Auch wenn, gerade bei großen Projekten, die eigentliche Datenerhebung wie ein Berg vor einem steht, was danach kommt, das ist eigentlich erst der richtige Berg. Waren wir gerade noch im Thüringer Wald und haben den Inselsberg (916 m) erklommen, so stehen wir jetzt mitten in den Alpen am Fuße des Monte Rosa (4633,9 m).

Zu guter Letzt erfolgt die **Bewertung** der Ergebnisse. Haben wir unser erhofftes Ziel erreicht? Dann sind wir da, wo wir bei der Soll-Situation angefangen haben. Haben wir es nicht erreicht, dann stehen wir bei einer neuen Ist-Situation. Der Qualitätskreislauf (s. **Abb. 1,** S. 51) würde hier wieder von vorne beginnen.

Abb. 1: Qualitätskreislauf eines Evaluationsprojektes

≈ *Projektmanagement*

Im Rahmen eines Evaluationsprojektes fallen zahlreiche **Aufgaben** an. Je nach Größe des Vorhabens arbeiten Sie alleine oder haben die Möglichkeit, auch Aufgaben zu delegieren. Bevor auf die einzelnen Phasen des Evaluationsprojekts eingegangen wird, folgt hier ein kleiner Einstig zu der Frage, wie Projekte grundsätzlich effizient durchgeführt werden können. Zum Delegieren komme ich später.

Nehmen Sie sich zahlreiche Karteikarten zur Hand und notieren Sie auf jeder Karteikarte eine Aufgabe (oder ein Arbeitspaket). Bei der Formulierung einer Aufgabe ist es zwingend notwendig, dass Sie diese Aufgabe so genau wie möglich umreißen und beschreiben. Je genauer die Aufgabe nämlich gefasst ist, desto sicherer ist, dass die Aufgabe Ihren Vorstellungen entsprechend erfüllt wird. Sie können auf den Karteikarten auch schon notieren, wer für diese Aufgabe als Verantwortlicher in Frage kommt. Nun strukturieren Sie Ihre Karteikarten. Sie stellen einen so genannten **Projektstrukturplan** auf. Dieser Projektstrukturplan hat nicht unbedingt eine zeitliche Struktur. Er ist entweder funktionsorientiert oder objektorientiert angelegt. Ist er funktionsorientiert, wären einzelne Bereiche des Projektstrukturplans z.B.:

- Vorplanung,
- Entwicklung,
- Durchführung,
- Auswertung.

Ein objektorientierter Projektstrukturplan (Befragung eines Jahrgangs zur geplanten Klassenfahrt) beinhaltet folgende Bereiche:

- Auswahl der unterschiedlichen Ziele,
- Schülerauswahl,
- Entwicklung des Fragebogens,
- Betreuung während der Befragung,
- Präsentationen, ...

Bei der **Verteilung der Aufgaben (Abb. 2,** S. 55**)** gelten grundsätzlich folgende drei Dinge:

1. Der richtige Mitarbeiter für die Aufgabe muss ausgewählt werden.
2. Es müssen die Fristen und Zeiten genau festgelegt werden.
3. Es muss den Beteiligten genau klar sein, was zur Aufgabe gehört, was nicht und welches Ergebnis erwartet wird.

Bei der Verteilung von Aufgaben sollten Sie folgende Aspekte besonders beachten:

1. Die Zerlegung eines Projekts in **viele kleine Aufgaben** erleichtert es einzelnen Beteiligten, diese schnell und erfolgreich zu bewältigen. Nichts ist schlimmer als ein unklares, unübersichtliches Projekt im Nebel, bei dem niemand so recht weiß, wer eigentlich verantwortlich ist und welche Aufgabe zu erledigen hat. Wer was als Nächstes zu tun hat, muss klar sein. Auch wenn Sie jetzt denken, dass wir doch alle erwachsene Menschen sind und wissen, wie man große Aufgaben bewältigt, ist das nicht jedem Kollegen an einer Schule klar. Deswegen lieber viele kleine erfolgreiche Schritte über die Brücke, als beim Sprung über den Wassergraben ins Stolpern zu geraten. Und Sie wissen doch: Wie isst man einen Elefanten? In feine Scheiben geschnitten und mit Messer und Gabel! Am effektivsten ist es, wenn die Aufgabe von dem erledigt wird, der sie am besten kann. Suchen Sie dementsprechende Aufgaben oder Ausführende füreinander aus.

2. Kein Gespräch und keine Diskussion endet mehr, ohne dass festgelegt ist, welche Aufgaben nun erledigt werden müssen. Wenn allen Beteiligten klar ist, dass am Ende immer die **nächste Aktion** steht, wird auch nicht mehr endlos diskutiert. Außerdem ist klar, dass Gemotze über „die da oben" nicht mehr viel Sinn macht, da immer am Ende erwartet wird, dass man selbst etwas unternimmt. Wenn alle sich einig sind, dass etwas geschehen muss, wird nie etwas passieren. Je genauer man weiß, welche Aufgabe man hat, und je besser diese beschrieben und umrissen ist, desto größer ist die Motivation, mit dieser Aufgabe zu beginnen und ein gutes Ergebnis zu erzielen. Sollte innerhalb einer wichtigen Diskussion auf einmal keine Zeit mehr dafür sein, noch die nächsten Aufgaben festzulegen, wird ein Kollege damit beauftragt, zum nächsten Termin Vorschläge für die nächsten Aufgaben zu machen.

3. Indem Sie mit anderen die **Verantwortung** für Aufgaben teilen, bringen Sie sie auch dazu, im Sinne des Evaluationsvorhabens verantwortlich zu handeln. Und das ist sehr wichtig, denn damit steigt insgesamt die Akzeptanz des Vorhabens.

4. Wenn Sie Aufgaben an Kollegen oder eventuell Eltern weitergeben und diese damit delegieren, dann räumen Sie dem mit der Aufgabe Betrauten viel Freiheit ein. Das ist riskant, weil Sie nicht wissen, was mit Ihrer Auf-

gabe passiert und ob nicht am Ende ein Ergebnis steht, dass Sie gerne anders gehabt hätten. Deswegen müssen Sie abwägen, welche Aufgabe Sie mit welchem **Auftrag** verbunden weitergeben können.

Wenn Sie auf Nummer sicher gehen wollen, betrauen Sie einen Kollegen mit einer Aufgabe und lassen ihn dann, bevor der letzte oder wichtigste Schritt getan ist, Sie über sein Vorgehen informieren. Er bekommt einen Termin, zu dem er einen Zwischenbericht vorlegen sollte.
Im anderen Fall können Sie die Aufgabe so genau umreißen und haben so viel Vertrauen zu dem Kollegen, dass Sie die ganze Aufgabe in seine Hand legen können und lediglich am Ende kontrollieren müssen, ob alles auch tatsächlich gut gegangen ist.

5. Wenn eine Aufgabe an einen Kollegen weitergegeben ist, muss ganz eindeutig festgelegt werden, zu welchem **Termin** ein endgültiges Ergebnis vorliegen muss. Bei manchen Aufgaben handelt es sich auch mehr um einen Prozess, hier sollten dann natürlich kontinuierlich Termine zum Berichten gewählt werden. Die Ergebniskontrolle und die Prozesskontrolle dienen dazu, sich dahingehend abzusichern, dass 1. das Schiff in die richtige Richtung fährt und 2. die Passagiere auch in New York ankommen, und nicht in Boston. Termine müssen immer so gesetzt werden, dass sie **realistischerweise** auch eingehalten werden können. Erfahrungsgemäß braucht man für eine Aufgabe weniger Zeit als dafür, sie vor sich herzuschieben. Deswegen kann eine Zeitspanne gelegentlich schon mal etwas knapper bemessen sein. Zu lange Fristen geben zwar die Möglichkeit, eine freie Lücke im Terminplan zu suchen, die Aktualität und die Brisanz eines Auftrages verlieren dadurch aber an Bedeutung. Besser ist es immer, ein Auftrag wird sofort oder spätestens morgen erledigt, als ihn auf die lange Bank zu schieben. Notieren Sie sich auf Ihrem Projektblatt (**Abb. 3,** S. 56) und am besten im Terminkalender, wann eine Aufgabe erledigt sein muss. So verlieren Sie nicht den Überblick.

Abb. 2: Aufgabenverteilung

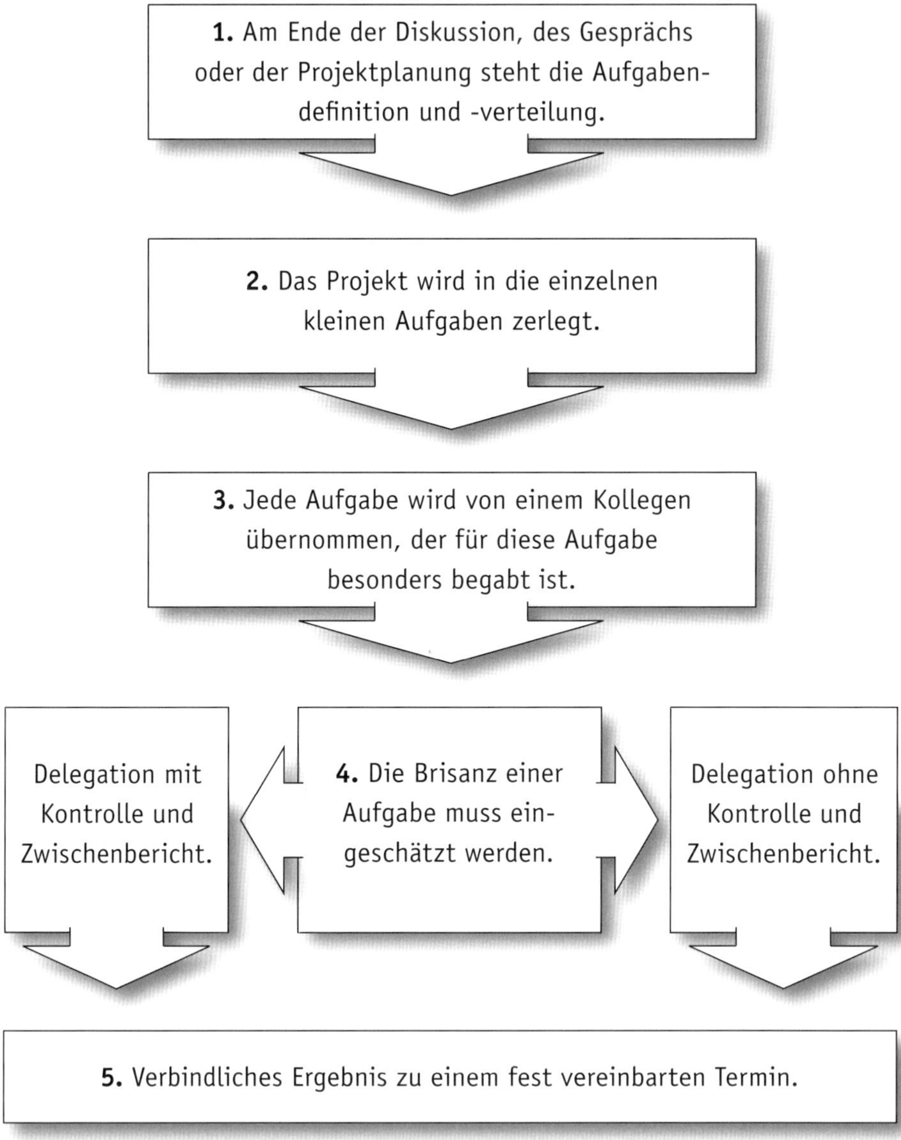

Gehen Sie auf Nummer sicher und fertigen Sie für jedes Evaluationsprojekt, für jedes Vorhaben einen Ablaufplan (s. **Abb.3** „Evaluationsprojekt", S. 56), in dem Sie genau die einzelnen Aufgaben festhalten.

Abb. 3: Evaluationsprojekt

Evaluationsprojekt						
Datum			Ort			✓
Nr.	***Aufgabe, Beschreibung***	*zuständig*	*Bemerkungen*	*Zwischen-bericht bis*	*erledigen bis*	*erledigt*

Oft wird es so sein, dass Sie eine Projektliste nicht vor einem Projekt komplett füllen, sondern erst während des Vorhabens. Dann ist jede einzelne Aufgabe nicht mehr und nicht weniger als der nächste Schritt, der gegangen werden muss.

Führen Sie die Projektlisten sehr **konsequent**. So haben Sie immer einen genauen Überblick darüber, welche Aufgaben bereits erledigt sind, was zurzeit in Arbeit ist und welche Aufgaben als Nächstes anstehen. Am besten fertigen Sie sich auf DIN A3 vergrößerte Formulare nach oben stehendem Muster an.

Die Formulare der Projekte sollten Sie **archivieren**. So haben Sie, wenn ein Projekt erneut ansteht, bereits einen genauen Überblick darüber, welche Aufgaben ein Projekt beinhaltet und wer am besten dafür in Frage kommt.

Informieren Sie die Betroffenen mit Hilfe eines **Handouts** über ihre Aufgaben. Dann heißt es nämlich nicht: „Man müsste mal über die Evaluationsergebnisse einen Zeitungsbericht schreiben“, sondern: „Pressemitteilung über Schülerbefragung bis 15.10.2006, zuständig: Herr A.“.

Für die einzelnen Aufgaben eines Projekts können Sie ein **Formular** (s. **Abb. 4**) anfertigen. Achten Sie darauf, dass Sie die Aufgaben auf dem Projektblatt und dem Aufgabenblatt mit der gleichen fortlaufenden Nummer versehen. Vergessen Sie dabei nicht: „Sage mir, wie ein Projekt beginnt, und ich sage dir, wie es endet!“

Das bedeutet: Sätze wie „Machen Sie mal, Sie schaffen das schon ...“ sind von nun an tabu. Liegt keine klare Projektbeschreibung vor, ist auch nicht mit einem klaren oder für Sie passenden Ergebnis zu rechnen.

Abb. 4: Projektaufgaben

Evaluationsprojekt		
Datum	*Ort*	*verantwortlich*
Aufgabe Nr. ____, Beschreibung		
erledigen bis		
Zwischenbericht bis		
Bemerkungen, Kommentare, Vorschläge		
Ergebnis		
Sonstiges		
Unterschrift, Datum		

≋ *Die Gütekriterien für Sozialforschung*

Die Gütekriterien **Objektivität, Reliabilität und Validität** spielen in der Planung eines Evaluationsvorhabens eine wichtige Rolle. Werden Daten oder Informationen abgefragt, so muss zunächst geklärt werden, ob man mit dem gewählten Messinstrument (also z.B. Fragebogen, Leitfaden-Interview, Test) tatsächlich das Merkmal misst, das von Interesse ist, und ob das Instrument genau misst. Zum Messen der Raumtemperatur verwendet man ein Thermometer (und kein Hygrometer). Dieses sollte, damit es verlässlich ist, geeicht sein.

Die aufgeführten Gütekriterien sollen innerhalb einer Befragung garantieren, dass etwaige Abweichungen zwischen den Antworten zweier Teilnehmer auch den tatsächlich vorhandenen Unterschied darstellen.

Die Gütekriterien sollen Ihnen bei der Planung einer Evaluation eine Hilfe sein. Verwenden Sie ein bereits von einem Institut oder an einer Universität entwickeltes und erprobtes Instrument, dann sollte sich dieses in der Regel an die Gütekriterien halten.

Objektivität

Stimmt die Beschreibung eines Sachverhaltes mit dem tatsächlichen Sachverhalt überein und wird sie durch den Beobachter nicht interpretiert, dann spricht man von Objektivität. Verschiedene Verfahren der Evaluation sind weniger oder mehr objektiv. Ein Verfahren ist umso objektiver, je geringer das Ergebnis von der die Evaluation durchführenden Person abhängig ist. Wenn Sie gemeinsam mit einem Kollegen eine bestimmte Unterrichtssequenz beobachten und im Anschluss daran Ihre Beobachtungen in Bezug auf „Schüleraktivitäten" notieren, werden Sie zu sehr unterschiedlichen, vielleicht nur im Kern übereinstimmenden Ergebnissen kommen. Diese Form der Datenerhebung besitzt in dieser Situation also eine eher niedrige Objektivität.

Man unterscheidet diese **Formen der Objektivität:**

- **Durchführungsobjektivität:** Sie misst die Unabhängigkeit der erhobenen Daten von der Person, die die Daten erhoben hat. Je stärker die Situation der Datenerhebung vereinheitlicht ist, desto höher ist die Durchführungsobjektivität. Werden zur Erläuterung einer Befragung von Schülern Hinweise durch den Lehrer gegeben, so würden diese bei jeder neuen Befragung eventuell anders aussehen. Werden hingegen lediglich vorher genau fest-

gelegte schriftliche Hinweise verlesen und anschließend keine Schülerfragen mehr beantwortet, erhöht sich die Objektivität. Die Durchführungsobjektivität kann letztlich auch von Sympathien und Antipathien gegen die durchführende Person beeinflusst werden. Selbst eine der Untersuchungsgruppe unbekannte Person kann durch ihr Auftreten und ihr Erscheinungsbild die Untersuchung beeinflussen. Ein Lehrer, der einen schlechten Stand in einer Klasse hat, wird bei einer Befragung der Klasse zur allgemeinen Schulzufriedenheit eventuell ein schlechteres Ergebnis erzeugen als ein Lehrer, der von den beteiligten Schülern gemocht wird. Auch wenn den Schülern gesagt wird, dass es sich um ein Gesamtbild der Schule handelt, haben sie in der konkreten Situation immer nur diesen einen Lehrer vor Augen.

- **Auswertungsobjektivität:** Sie misst die Unabhängigkeit der Verarbeitung der erhobenen Daten von der Person, die die Daten verarbeitet. Entsprechend dem Evaluationsstandard „Systematische Fehlerprüfung" (s. Kap. 1.5) ist gerade bei der Übertragung von Daten von einem Fragebogen in eine Computerdatei große Genauigkeit gefragt. Bei der Auswertung von Interviews hingegen ist die Auswertungsobjektivität nur noch sehr begrenzt zu gewährleisten. Ob die Antwort auf eine Frage als positiv, unentschlossen oder negativ gewertet wird, hängt von mehr als der bloßen Aussage ab. Hinzu kommen z.B. die Betonung, die Gestik und die Mimik.

- **Interpretationsobjektivität:** Sind die Interpretationen und Schlussfolgerungen unabhängig vom Durchführenden der Evaluation? Werden für die Interpretation von Ergebnissen klare Werte vorgegeben? Ist eine Fehlinterpretation ausgeschlossen? Beispielsweise gilt ein Intelligenzquotient von 140 als Zeichen für eine Hochbegabung; in Diskussionen wird eine Zustimmung von Dreiviertel aller Beteiligten als Konsens interpretiert.

Die Objektivität lässt sich **erhöhen**, indem an der Durchführung, Auswertung und Interpretation unterschiedliche Personen beteiligt sind und die Standards für Evaluation (s. Kap. 1.5) Anwendung finden. Werten unterschiedliche Personen die Daten gleichzeitig aus, können Ergebnisse miteinander verglichen und so mögliche Fehlerquellen ausgeschlossen bzw. entdeckt werden. Allerdings bedeutet dies einen erhöhten zeitlichen Aufwand. In der Schule wird es selten die Möglichkeit geben, dass zwei Personen, einzig zur Absicherung der Ergebnisse, die gleiche Arbeit doppelt erledigen.

Reliabilität

Wie zuverlässig ist das gewählte Instrument? Ist es unabhängig von den Anwendungsbedingungen? Die Reliabilität wird überprüft, indem mit dem gleichen Instrument unter den gleichen Bedingungen ein identisches Objekt untersucht wird (Wiederholungs-Reliabilität). Die innere Konsistenz misst, inwieweit unterschiedliche Fragen in einem Fragebogen den gleichen Indikator bzw. dasselbe Kriterium erfassen. Praktisch bedeutet das: Messen die Fragen „Fühlst du dich an der Schule wohl?" und „Gefällt es dir an deiner Schule?" beide das Klima an der Schule? Ist das der Fall, spricht man von einer hohen inneren Konsistenz. Zwei ähnliche Fragen können als Kontrollfragen eingesetzt werden. Weichen die jeweiligen Antworten des Befragten stark voneinander ab, ist die Aussagekraft des gesamten Fragebogens dieses einen Befragten in Frage zu stellen.

Die Reliabilität kann bei qualitativen Messverfahren, also z.B. bei Leitfadeninterviews erhöht werden, indem Standards für die Aufzeichnung der Daten festgelegt werden (z.B. feste Schemata für die Erfassung und Bewertung der jeweiligen Antworten).

Validität

Die Validität bezeichnet die Gültigkeit eines Untersuchungsverfahrens. Die Validität überprüft, inwieweit der gemessene Indikator mit der gewünschten Fragestellung der Untersuchung übereinstimmt. Werden tatsächlich die Daten erhoben, die für die am Anfang aufgestellte Fragestellung relevant sind? Spricht man von einer hohen Validität, so meint man, dass ein Indikator die vermutete Annahme überprüft.

≋ *Rahmenbedingungen*

Soll ein Evaluationsprojekt begonnen werden, muss zunächst der gesamte äußere Rahmen geklärt werden. Verschwenden Sie einige Gedanken und bedenken Sie: Je genauer man sich vorher mit einer Sache beschäftigt, desto weniger unvorhergesehene Dinge geschehen später. Gerade an Punkten, die einem irgendwie nebulös vorkommen, an denen man merkt, hier könnte noch einiges unklar sein, sollte man verweilen und konkrete Planungen vornehmen.

Folgende **Rahmenbedingungen** sollten abgeklärt werden:

Personen

An einer Evaluation sind in der Regel **vier verschiedene Personengruppen** beteiligt (s. **Abb. 5**). Oft gibt es zwischen den Gruppen auch Überschneidungen oder sie sind identisch.

- **Auftraggeber:** Wer hat die Evaluation in Auftrag gegeben? Was sind seine Vorstellungen von Vorbereitung, Durchführung und Ergebnis?
- **Durchführende:** Wer plant die Evaluation, wer entwickelt oder sucht die Instrumente? Wer kann bei der Durchführung und Auswertung mithelfen?
- **Betroffene:** Bei Befragungen gibt es natürlich, anders als z.B. bei einer Dokumentenanalyse, Beteiligte oder Betroffene. Wer genau gehört zu dieser Gruppe, wer gehört nicht dazu?
- **Zielgruppe:** Wer soll von dem Ergebnis in Kenntnis gesetzt werden? Wer erhält alle Daten, wer nur eine Zusammenfassung? Beispielsweise kann die Schulleitung eine Unterrichtsevaluation andenken und damit den Eltern dann bestimmte Erkenntnisse über den Unterricht präsentieren. Manchmal ist es im Voraus sehr schwer, zu entscheiden, wer welche Informationen bekommen soll. Das betrifft gerade die Elternbeteiligung in solchen Prozessen. Müssen bestimmte Informationen auch andere Personen bekommen (z.B. der Schulträger, die Schulaufsicht oder die Medien)?

Abb. 5: Beteiligte Personen

Beteiligte Personen		
Evaluationsprojekt:		
Datum	*Ort*	*verantwortlich*
Auftraggeber, Grund:		
Verantwortlicher:		
Durchführende:		
Betroffene:		
Zielgruppe:		
Sonstige Personen:		

Inhaltlicher Rahmen

Im Sinne einer **ökonomischen Planung** muss dieser Punkt genau und ausführlich bedacht werden. Wird zu viel untersucht, steht man am Ende vor einem Berg Daten, die man gar nicht braucht. Alle sind unzufrieden und ärgern sich über einen großen Arbeitsaufwand, bei dem nichts herausgekommen ist. Wird zu wenig untersucht, ärgern sich auch alle, denn: Zusätzliche Arbeit ist Evaluation immer, egal, wie klein oder groß das Projekt ist. Nur bei zu wenigen Daten hat man dann auch noch das Problem, dass man nicht einmal ein halbwegs vernünftiges, aussagekräftiges Ergebnis vorweisen kann.

Und auch das ist wichtig: Mit Evaluation entsteht bei Mitwirkenden und der Zielgruppe immer eine **Erwartungshaltung.** Deswegen sollten in der Regel nur Bereiche evaluiert werden, die tatsächlich auch veränderbar sind. Es macht beispielsweise relativ wenig Sinn, die Effektivität des Schulgesetzes zu evaluieren. Denn das Schulgesetz kann von einer einzelnen Schule nicht verändert werden. Anders sieht es bei praxisbezogenen Fragen aus. Hier wäre das z.B.: Inwieweit birgt die Anwendung eines bestimmten Paragraphen des Schulgesetzes in unserer Schule ein Problem? Ein weiteres Beispiel: Die Schulaula ist in einem maroden Zustand. Allen ist dieses Problem bekannt. Der Schulträger hat keine finanziellen Mittel, um dieses Problem in den nächsten fünf Jahren zu beheben. Dann sollte dieses Problem, um nicht falsche Erwartungshaltungen zu wecken, in einer Evaluation ausgespart bleiben. Denn später ist sonst die Enttäuschung umso größer, wenn sich nichts ändert. Aus den Ergebnissen und Schlussfolgerungen einer Evaluation müssen immer **Handlungsempfehlungen für die Weiterarbeit** erfolgen können. Sonst bleibt es lediglich bei der Kontrollfunktion von Evaluation.

Ressourcen

Welche räumlichen, finanziellen und personellen Mittel müssen für mein Vorhaben eingeplant werden? **Räume** stehen an einer Schule immer genügend zur Verfügung. Denkt man! Aber welcher Raum ist wann frei? Welche Schüler halten sich wann wo auf? Wann müssen Klassenräume belegt werden, um Befragungen durchzuführen? Wer kümmert sich um die Reservierung von Räumen? Wo können Materialien gelagert und ausgewertet werden? Sie sehen, die Raumfrage ist keinesfalls zu unterschätzen.

Finanzielle Ressourcen werden bei kleineren und mittleren Projekten kaum benötigt. Es fallen lediglich Kopierkosten für Material an. Eventuell auch

noch für die Anschaffung einiger Büromaterialien (Ordner, Mappen, Büroklammern usw.). Lediglich große Evaluationsprojekte, die eventuell in Auftrag gegeben werden, haben einen großen finanziellen Bedarf. Hier müssen Berater bezahlt werden. Die Auswertung von Fragebogen wird vielleicht durch eine Firma vorgenommen. Eventuell muss Computer-Hardware und Software angeschafft werden. Da kommt dann ganz schnell eine gehörige Summe zu Stande. Ein Beispiel: Eine Schule führte mit Hilfe eines Instituts eine Bestandsaufnahme innerhalb der Schulprogrammarbeit durch und befragte dazu mit einem umfangreichen Fragebogen rund 800 Schüler, Lehrer und Eltern. Da kamen für die Umfrage und die reine Datenerfassung ganz schnell über 1.000 Euro zusammen.

Der größte, im Voraus zu bedenkende Posten sind die **personellen Ressourcen**. Der größte Kostenfaktor ist die Arbeitszeit der Beteiligten. Dabei ist die Durchführung der Evaluation selbst schnell gemacht. Viel länger dauert die ausführliche und genaue Vorbereitung sowie die Zeit raubende Arbeit hinterher: das Sammeln der Materialien, ggf. das Erstellen einer Computer-Maske zur Erfassung der Daten, das eigentliche Erfassen (möglichst zu zweit, um Fehler zu verringern), die sich anschließende Aufbereitung der Daten und die Präsentation. Und auch wenn Sie sagen: Das gehört zu meinem Job, das mache ich, weil es mir und den Schülern nützt – trotzdem fehlt die für Evaluation verwendete Zeit hinterher an einer anderen Stelle.

Konsens an der Schule herstellen

Sie evaluieren nur, ob die Eltern Ihrer Klasse mit Ihrer Informationspolitik oder mit der Durchführung der Elternversammlungen zufrieden sind? Sie evaluieren nur, ob die Schüler beim Vokabellernen verschiedene Methoden verwenden? Sie evaluieren nur, ob das Essen in der Jugendherberge den Schülern geschmeckt hat? Und Sie meinen, darüber müssten Sie doch nun wirklich keinen Konsens in der Schule herstellen? Dann sind Sie wohl der einzige Lehrer an Ihrer Schule?

Verstehen Sie mich nicht falsch, wenn ich ironisch nachfrage, aber ich denke, dass jede Evaluation, und ist sie noch so klein, **Auswirkungen** haben kann, die vorher nicht absehbar waren. Schließlich ist es doch so, dass Sie nicht der einzige Lehrer sind, der in Ihrer Klasse unterrichtet. Um bei obigen Beispielen zu bleiben: Was ist, wenn sich im ersten Fall herausstellt, dass die Eltern mit Ihrer Informationspolitik zwar einverstanden sind, aber vom Mathelehrer nie etwas zu hören bekommen? Wie erklären Sie das Ergebnis dem Mathelehrer, wenn der vorher von der Befragung nichts wusste? Was ist, wenn sich im zweiten Fall herausstellt, dass die Hälfte der Schüler mit ineffektiven Methoden Vokabeln lernt? Wie erklären Sie das als Englischlehrer dem Französischkollegen, der auch in der Klasse unterrichtet und von der Umfrage nichts wusste? Was ist, wenn sich im dritten Fall herausstellt, dass das Essen zwar grausam war, der Koch allerdings der Schwager Ihres Schulleiters ist? Wie erklären Sie das dem Schulleiter, der von der Befragung gar nichts wusste?

Wie gesagt, Evaluationen, und seien sie noch so klein, können innerhalb einer Schule immer weitgehende Auswirkungen haben. Deswegen sollten Sie in den meisten Fällen im Vorfeld bei den eventuell Betroffenen einen Konsens herstellen. Aber es müssen auch nicht immer alle wegen allem gefragt werden. Nicht vergessen: Lieber einmal entschuldigen als hundertmal nachfragen!

Informationsfluss und Kommunikationsstruktur klären

Sie wissen ja: Nichts wird in Lehrerkollegien mehr bemängelt als der oft nur dürftige Informationsfluss. Fluss ist zumeist übertrieben, nicht selten handelt es sich lediglich um ein Rinnsal, das sich durchs Lehrerzimmer schlängelt.

Listen Sie vor Beginn der Evaluation auf,

- wer informiert werden muss (z.B. Schulleitung, Kollegium, Eltern, Schulaufsicht, Presse usw.),
- welche Informationen weitergegeben werden müssen (Erlaubnis für Befragung, Ergebnisse usw.),
- mit welchem Kommunikationsinstrument (Infobrief, Artikel in der Schülerzeitung, Pressemitteilung) und
- wann es geschehen soll (vor der Evaluation, nach der Präsentation der Ergebnisse, Datum).

Eine **Informationsmatrix** kann Ihnen dabei helfen (s. **Abb. 6,** S. 65).

Abb. 6: Informationsmatrix

Informationsmatrix				
Wer muss informiert werden?	***Welche Informationen müssen weitergegeben werden?***	***Welches Medium soll verwendet werden***	***Wann muss informiert werden?***	***Wer informiert?***
Schulleitung				
Beteiligte				
Eltern				

≋ *Klärung der Ziele*

Dieser Schritt ist der wichtigste und zugleich schwierigste in der gesamten Durchführung eines Evaluationsvorhabens. Als Rahmen für die Evaluation können diese **Fragen** gestellt werden:

1. Welchen Bereich nimmt die Evaluation unter die Lupe?
2. Wo besteht eine Wissenslücke?
3. Was soll konkret untersucht werden?
4. Wie lautet die zentrale Frage, auf die eine Antwort erhofft wird?
5. Gibt es Hypothesen, Vermutungen oder Meinungen, die überprüft werden sollen?

Oft ergeben sich, falls keine Bestandsaufnahme im Rahmen der Schulprogrammarbeit geplant ist, die konkreten Fragen aus im Schulprogramm selbst formulierten oder eingegrenzten Entwicklungsschwerpunkten der Schule. Die Entscheidung für eine Kernfrage sollte in jedem Fall mit den Beteiligten und mit Entscheidungsgremien, je nach Größe des Vorhabens, abgeklärt werden.

Diese **Probleme** könnten sich bei **ungeklärten Zielen** ergeben:

- Die Ergebnisse können **nicht für die Weiterarbeit** verwendet werden: Sie geben nämlich keine konkreten Hinweise für die eigentlichen Probleme, die aufgefallen sind. Vielleicht ist das eigentliche Problem nicht hinreichen analysiert worden oder stellt sich im Nachhinein gar nicht als Problem, sondern als ganz normal heraus.
- Die Beteiligten sehen **keinen Sinn** in der Evaluation (Akzeptanzproblem): Warum machen wir das überhaupt? Wir wissen doch sowieso schon, wo unsere Probleme sind: Wir bekommen zu wenig Geld.
- **Falsche Methoden** zur Datenerhebung werden gewählt: Dieser Punkt hängt unmittelbar mit dem ersten zusammen. Ist die Kernfrage und das Ziel der Evaluation nicht eindeutig geklärt, werden unter Umständen Methoden zur Datenerhebung gewählt, die nicht weiterhelfen und nur Verdruss schaffen.
- ...

≋ *Festlegung von Kriterien und Indikatoren*

Aus der Formulierung eines Zieles oder einer Kernfrage leiten sich die Kriterien und Indikatoren für die Untersuchung ab. Kriterien für die Schulzufriedenheit als Kernfrage könnten zum Beispiel sein:

- gute Schülerleistungen,
- Engagement der Schüler,
- wenig Fehlzeiten der Lehrer.

Aus den Kriterien leiten sich dann beobachtbare oder messbare Indikatoren ab. Diese müssen immer im Vergleich zu einer festgelegten Kennzahl stehen, z.B.
- 80% der Schüler erreichen in den Kernfächern einen Zensurendurchschnitt von 2,4,
- mehr als die Hälfte aller Schüler engagieren sich in Arbeitsgemeinschaften,
- die Fehlzeiten der Lehrer liegt unter dem landesweiten Durchschnitt.

Ein weiteres Beispiel:

Festgelegtes Kriterium	***Beobachtbarer Indikator***
Fairer Umgang der Schüler miteinander	*In Gruppenarbeitsphasen unterstützen sich die Schüler untereinander.*
Förderung Sprachentwicklung	*Der Lehrer schafft Sprechanlässe und ist in der Sprachanwendung vorbildlich.*

Statt des Begriffs Indikator wird auch der Begriff **„Praxisdeskriptor"** verwendet. Er bezeichnet ziemlich genau, was eigentlich damit gemeint ist: Der Deskriptor beschreibt, wie ein bestimmtes Kriterium im Unterricht tatsächlich beobachtet werden kann.

Die Übersetzung von Kriterien in Indikatoren (oder eben z.B. bei der Unterrichtsbeobachtung in „Praxisdeskriptoren") ist immer notwendig. Sie gewährleistet, dass man tatsächlich die Informationen zu einem Kriterium bekommt, die man haben möchte. Die Arbeit dieser Übersetzung, das Herunterbrechen von Kernfragen über Kriterien zu Indikatoren, ist vor jedem Evaluationsvorhaben, bei dem man das Instrument selbst entwickelt, notwendig.

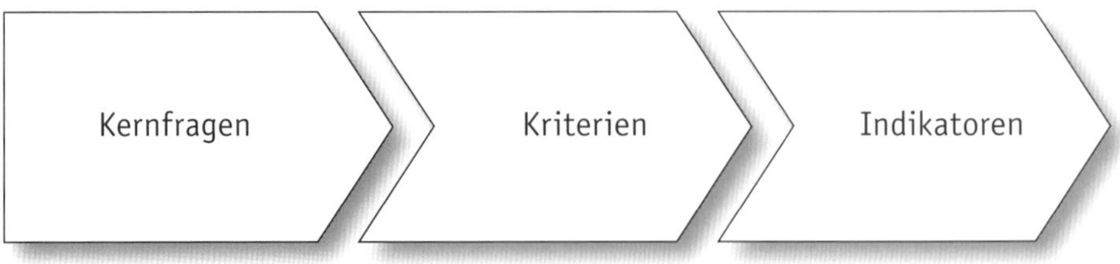

In unserem oben angeführten Beispiel würde das so aussehen:

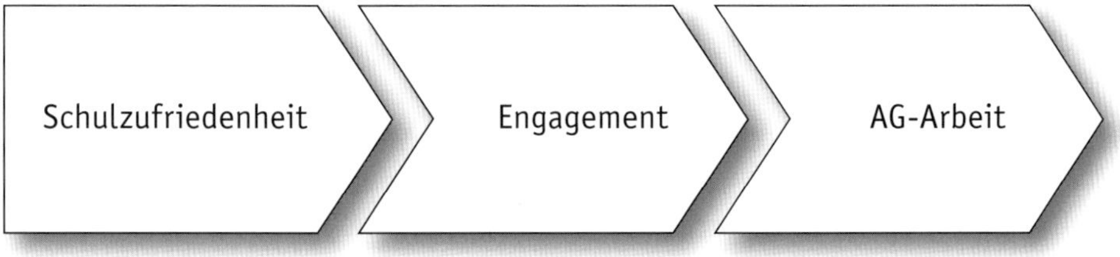

In einer Befragung von Schülern würde also niemals einzig und alleine gefragt werden: „Bist du mit deiner Schule zufrieden?" Denn dann würde man vielleicht 70 oder 80 Prozent positive Antworten bekommen, könnte aber nicht erkennen, warum so geantwortet wurde bzw. weshalb 20 oder 30 Prozent nicht mit der Schule zufrieden sind. Die Schulzufriedenheit wurde hier mit dem Kriterium „Engagement in der Schule" konkretisiert. Dieses wiederum kann man genau bestimmen, wenn man nach der Beteiligung der Schüler in Arbeitsgemeinschaften fragt. Man könnte noch weitergehen, wenn man das Engagement in den Arbeitsgemeinschaften quantitativ und qualitativ auswerten würde. Hier würde dann nicht nur gefragt, wie viele unterschiedliche Arbeitsgemeinschaften der Schüler im vergangenen Jahr besucht hat, sondern vielleicht auch noch danach, wie viele Stunden pro Woche für die Arbeit in Arbeitsgemeinschaften investiert wurden. Das wäre die quantitative Auswertung. Für die qualitative Auswertung könnte gefragt werden, wie die inhaltliche und organisatorische Arbeit in den Gruppen bewertet wird.

Mit der Entwicklung von Kriterien und Indikatoren wird auch schon ein Rahmen dafür festgelegt, auf welche Art und Weise die **Daten** erhoben werden. Handelt es sich um eine Datenanalyse (in unserem Beispiel müssten z.B. die Anwesenheitslisten der Arbeitsgemeinschaften ausgewertet werden), handelt es sich um Interviews oder um die klassische Befragung von Schülern mit Hilfe von Fragebögen? Übrigens: Zum Beispielthema „Schulzufriedenheit" können bzw. müssen natürlich neben den Schülern auch Eltern und Lehrer befragt werden.

Legen Sie für Ihr spezielles Projekt Kriterien und konkrete Indikatoren fest:

Nr.	*Kriterium*	*Indikatoren*
1.		
2.		
3.		
4.		
5.		
6.		

Wahl der Befragungsgruppe

Haben Sie die Vorarbeiten in Bezug auf Kriterien und Indikatoren gründlich gemacht, ist der nächste Schritt eigentlich ganz einfach: Welche Gruppe verfügt über die Informationen, an die Sie gerne herankommen möchten? Müssen alle Schüler einer Schule zum Thema Schulzufriedenheit befragt werden, oder reicht es, nur die Abgangsklassen zu befragen? Oder nur die Mädchen? Oder nur die Klassensprecher?

Die Gruppe, die über die notwendigen Informationen verfügt, muss also befragt werden. Vollständig? Ist dieses nicht nötig, muss eine **Stichprobe** gezogen werden.

- **Zufallsstichprobe:** Nach dem Zufallsprinzip werden aus der gesamten in Frage kommenden Gruppe eine bestimmte Anzahl ausgewählt. Die Anzahl ist abhängig von der Gesamtgröße der Gruppe.
- **Klumpenstichprobe:** Ganze Gruppen werden gezogen (z.B. aus jeder Klassenstufe eine Klasse).

- **Quotenstichprobe:** Es erfolgen bestimmte Festlegungen, z.B. soll die Stichprobe dem Verhältnis männlich/weiblich an der Schule entsprechen.
- **Theoretische Stichprobe:** Es werden Vorüberlegungen zur Auswahl angestellt und Personen bewusst ausgewählt, z.B. alle Klassensprecher.

Beim **Querschnittsdesign** werden verschiedene Gruppen, z.B. einer Jahrgangsstufe, miteinander verglichen. Beim **Längsschnittdesign** finden mehrere Untersuchungen der gleichen Gruppe in zeitlichem Abstand statt. Hier kann die Entwicklung innerhalb der Gruppe über einen längeren zeitlichen Rahmen beobachtet werden. Eine Schulklasse wird z.B. bei der Aufnahme in die Schule und beim Abgang (und am besten noch einmal in der Mitte dazwischen) untersucht.

≈ *Untersuchungsplanung*

Zunächst müssen Quellen für die Datenerfassung, wie oben erklärt, präzisiert werden. Anschließend erfolgen die **Grobplanung** der gesamten Untersuchung und die **Feinplanung** mit einer genauen Festlegung (vgl. auch **Checkliste 6, S. 71**):

- zeitlicher Rahmen,
- beteiligte Personen mit genauer Aufgabenzuteilung,
- Klärung des benötigten Materials (ggf. Fragebogen, Datenmaterial),
- Klärung der Räumlichkeiten,
- Information der Beteiligten.

In der Untersuchungsplanung muss darüber hinaus bei schriftlichen Befragungen bedacht werden, ob eine schriftliche Einleitung und Erklärungen zur Befragung formuliert werden müssen. Ein **Pretest**, bei dem man die Befragung vorab in einer anderen Gruppe durchführt, kann helfen, etwaige Unklarheiten (z.B. bei Fragestellungen, die Räume oder benötigte Zeiten betreffend) bereits im Vorfeld aufzuspüren. Bei selbst entwickelten Instrumenten kann der Pretest sehr wichtig sein.

Checkliste 6:
„Untersuchungsplanung"

Evaluationsvorhaben: ________________			✓
Planung	***Inhalt***	***zuständig, erledigen bis:***	
Wie ist der zeitliche Rahmen des Vorhabens?			
Erhebungszeit			
Ansprechpartner (mit Telefonnummer):			
Wer ist beteiligt und welche Aufgaben sind zu erledigen?			
Welches Material wird benötigt (Fragebogen, Büromaterial)?			
Welche Räume werden benötigt?			
Wer muss wann benachrichtigt werden?			
Das muss in jedem Fall noch bedacht werden:			

2.2 Methodenwahl und Durchführung

≈ *Auswahl der Datenerhebungsmethode*

Grundsätzlich ist die Frage zu klären, ob es bereits ein Instrument gibt, das meinen inhaltlichen Bedürfnissen entspricht. Das wird in der Regel nicht der Fall sein. Tatsächlich gibt es aber zahlreiche Instrumente, die ggf. auf die persönlichen Anforderungen zugeschnitten werden können.

Die vollständige Neuentwicklung eines Evaluationsinstrumentes kann gerade bei sehr großen Evaluationen überaus aufwändig sein. Sie birgt die Gefahr in sich, bei Unerfahrenheit des Entwickelnden, nicht tatsächlich auf die vorformulierten Kernfragen Antworten zu geben.

Folgende Aspekte sind zu bedenken:

- Kann ein bereits vorhandenes Instrument ggf. angepasst werden?
- Stehen Verwendung eines vorhandenen Instruments und Neuentwicklung in einem ökonomisch verantwortbaren Verhältnis zueinander?
- Ist ein bereits vorhandenes Instrument für die entsprechende Altersgruppe einsetzbar?
- Sollen quantitative oder qualitative Daten erhoben werden?

Qualitative Daten

Qualitative Daten erfassen eine beschreibende Sicht des Evaluationsgegenstandes (z.B. Unterrichtsbeobachtung). Die Daten sind sehr vielschichtig interpretierbar und können zu quantitativen Daten umgewandelt werden (z.B. Auszählung eines bestimmten Verhaltensmusters im Unterricht).

Typische qualitative Verfahren sind:

Leitfadeninterviews

Im Gegensatz zu standardisierten Interviews werden bei Leitfaden-Interviews lediglich Themenbereiche und Unterthemen vorstrukturiert. Der Leitfaden dient dem Interviewer als Gesprächshilfe. Er bietet die Möglichkeit, bestimmte Teilbereiche zu vertiefen und Aspekte zu besprechen, die im Laufe des Interviews an Bedeutung gewinnen. Es kann hilfreich sein, einen Leitfaden zur besseren späteren Auswertung aufzuzeichnen. **Vorteile** des Leitfadeninterviews sind die große Themenoffenheit, wenn der eigentliche Gegenstand der Evaluation noch nicht klar umrissen ist. **Nachteilig** ist der große Zeitaufwand für die Vorbereitung, Durchführung und Auswertung. Ein repräsentatives Ergebnis

kann in der Regel nicht erreicht werden, da nicht genügend Befragungen durchgeführt werden können.

Beispielsweise könnte bei einer Schulinspektion der Schulleiter gebeten werden, zur Förderung der Sprachfähigkeit bei Schülern nicht deutscher Herkunft Stellung zu beziehen. Er könnte hier das organisatorische Vorgehen bei der Verteilung von Förderstunden erläutern, könnte Informationen zur Elternarbeit weitergeben, sich aber auch zur inhaltlichen Gestaltung entsprechender Arbeitsgemeinschaften äußern.

Beobachtungen

Beobachtungen können auf vielfältige Weise stattfinden. Ein zusätzlicher Lehrer kann den Unterricht (offene Beobachtung) oder einen einzelnen Schüler, der im Vorfeld nichts davon weiß (verdeckte Beobachtung), beobachten. Der Beobachter kann Mitwirkender im Unterricht sein (z.B. ein Schüler oder Sie selbst als Lehrer) oder ein Außenstehender. Die Beobachtung kann systematisch mit einem Beobachtungsbogen (z.B. in der Schulinspektion) stattfinden und unsystematisch („Was ist dir in der Gruppenarbeit aufgefallen?"). Die Beobachtung kann durch eine Videoaufnahme unterstützt werden, anhand derer man gemachte Beobachtungen kontrolliert. **Vorteil** ist, die Beobachtung kann sehr flexibel eingesetzt werden. **Allerdings** ist zu bedenken, dass sich der Beobachtete in der Beobachtungssituation immer anders verhält als in einer natürlichen Situation. In durch die Beobachtungen erzeugten extremen Stresssituationen können Lehrer in standardisierte, erlernte und erprobte Verhaltensmuster zurückfallen oder überzogene Handlungen zeigen (z.B. zu Schülern ungewöhnlich freundlich sein).

Dokumentenanalyse

Die Dokumentenanalyse, die übrigens in der Schulinspektion sehr ausführlich durchgeführt wird, untersucht Daten, die in einer Schule bereits vorhanden und deshalb nicht mehr neu erhoben werden müssen. Je nach Daten kann eine quantitative und qualitative Analyse erfolgen. Eine Auswahl der Daten (z.B. die Verspätungen in einer bestimmten Klassenstufe) muss aber trotzdem erfolgen. **Vorteile** der Dokumentenanalyse sind, dass die Daten mit relativ geringem Aufwand verfügbar sind und lediglich eine Wertung oder ein Vergleich zu erfolgen hat (z.B. Ergebnisse von Vergleichsarbeiten verschiedener Schulen, Bezirke oder Vergleiche mit Referenzwerten). In der Dokumentenanalyse können z.B. Schülerstatistiken, Schulabgänger, Wiederholer, erreichte

Schulabschlüsse, Einzugsbereich der Schule, soziale Herkunft, Notendurchschnitte usw. untersucht werden. **Nachteilig** ist, dass Gründe für auffällige Zahlenverhältnisse nicht erkennbar sind.

Quantitative Daten

Diese lassen sich als Zahlen darstellen. Die Zahl alleine hat allerdings nur eine geringe Aussagekraft. Erst der Vergleich, die Einordnung oder die Bildung eines Durchschnitts erhöhen die Aussagekraft. Die Befragung findet immer nach einem gleichen, festgelegten Schema statt. Die Fragen sind wortwörtlich festgelegt und werden immer in der gleichen Reihenfolge gestellt. Damit wird gewährleistet, dass die Ergebnisse später miteinander vergleichbar sind.

Für die Erfassung quantitativer Daten werden zumeist folgende **Skalen** verwendet:

Nominalskala

Eine Eigenschaftsausprägung wird dargestellt, lediglich die Häufigkeit kann gezählt werden (z.B. Nationalität, Unterrichtsfach).
Bsp.: *Nenne dein Lieblingsfach:* ____________________________

Ordinalskala

Eine Rangordnung einzelner Werte ist möglich. Allerdings sagt die Rangordnung nichts über den Abstand der einzelnen Werte zueinander aus (Bsp.: Die Schüler erstellen eine Rangordnung über die Störer in der Klasse. Der häufigste Störer erhält den ersten Rang, der seltenste den letzten Rang.). Die Berechnung eines arithmetischen Mittels ist nicht möglich (in unserem Beispiel: Es kann keine Aussage darüber getroffen werden, dass der Schüler, der genau in der Mitte der Gruppe steht, auch tatsächlich der „Durchschnittsstörer" ist).
Bsp.: *Erstelle eine Rangfolge deiner drei Lieblingslehrer:*

Platz 1 ____________________________

Platz 2 ____________________________

Platz 3 ____________________________

Intervallskala

Die einzelnen Werte weisen einen gleichen Abstand zueinander auf. Man geht davon aus, dass eine Rating-Skala (z.B. „stark ausgeprägt – eher stark als

schwach ausgeprägt – eher schwach als stark ausgeprägt – schwach ausgeprägt") eine Intervallskala ist, und somit die Möglichkeit besteht, einen Durchschnittswert, das arithmetische Mittel zu bilden.
Bsp.: *Beurteile diese Aussage:*
„Im Mathematikunterricht werden oft Themen behandelt, die ich nicht verstehe."

❒ trifft voll zu

❒ trifft eher zu

❒ trifft eher nicht zu

❒ trifft gar nicht zu

Verhältnisskala
Die Verhältnisskala hat neben den gleichen Abständen zwischen den einzelnen Werten einen natürlichen Nullpunkt (z.B. Körpergewicht, Zeitdauer des Vortrags). Bei Verhältnisskalen sind alle Rechenoperationen möglich.
Bsp.: *Wie viele Minuten hast du gestern für die Hausaufgaben benötigt?*

☐ Minuten

Haben Sie gründlich gelesen? Dann ergänzen Sie in **Abb. 7** (S. 76) noch einmal selbst, um welche Skala es sich jeweils handelt.

Abb. 7: Skalenniveaus

1. Sortiere die Unterrichtsfächer, indem dein Lieblingsfach die 1, dein zweitliebstes Fach die 2 erhält usw. Das Fach, das du am wenigsten magst, bekommt die Ziffer 5.

Deutsch ❏
Mathematik ❏
Englisch ❏
Musik ❏
Sport ❏

________________ **Skala**

2. Wie gestaltest du deine Lerntätigkeit zu Hause? Schätze ein, wie häufig du folgende Tätigkeiten ausführst (von sehr selten bis sehr oft).

Aktivität/Häufigkeiten	***sehr selten***	***selten***	***gelegentlich***	***oft***	***sehr oft***
Ich lese meine Arbeitsblätter und Notizen mehr als zweimal durch. Dann kann ich mir alles Wichtige merken.	❏	❏	❏	❏	❏
Ich überlege mir, welches die wichtigsten Inhalte waren, und schreibe mir dann Karteikarten, die ich auswendig lerne.	❏	❏	❏	❏	❏
Ich denke über das behandelte Thema nach, wenn ich etwas nicht verstanden habe, schlage ich im Hefter nach.	❏	❏	❏	❏	❏

________________ **Skala**

3. Wie viel Zeit verbringst du wöchentlich vor dem Fernseher?

_____ Stunden ______ Minuten

________________ **Skala**

4. Bitte kreuze an. Geschlecht:

männlich ❏ weiblich ❏

________________ **Skala**

Lösung: 1: Ordinalskala, 2: Intervallskala, 3: Verhältnisskala, 4: Nominalskala

Typische quantitative Verfahren sind:

- standardisierte Interviews
- Fragebögen

Standardisierte Interviews

Ein Interview ist kein Gespräch. Beim Gespräch wird nett miteinander geplaudert, und man tauscht gegenseitig Meinungen aus. Beim Interview fragt einer, der etwas wissen möchte, und einer, der dazu etwas zu sagen hat, antwortet. Interviews können völlig frei stattfinden, sie können aber auch halbstandardisiert und standardisiert sein. Standardisierte Interviews haben festgelegte Fragen, die (meist) vorgelesen werden. Die Antworten können leicht kategorisiert werden (z.B.: Hat die Schule ein Schulprogramm? ja/nein). Der **Vorteil** der standardisierten Interviews gegenüber Fragebogen liegt darin, dass ein Befragter bei Unklarheiten nachfragen kann. Die Verantwortung für das Beantworten einer Frage ist höher als bei einem Fragebogen. Außerdem können die Ergebnisse, anders als bei freien Interviews, leicht interpretiert und eingeordnet werden.

Die **Nachteile** liegen natürlich auf der Hand: Der Befragte hat eventuell das Bedürfnis, sich ausführlicher zu äußern, hat dazu aber keine Möglichkeiten. Die Vorbereitung standardisierter Interviews ist groß, da fast keine vorgefertigten Instrumente verwendet werden können. Darüber hinaus ist der personelle Aufwand im Vergleich zu einer Befragung mit Fragebogen ebenso groß, da standardisierte Interviews meist eins zu eins stattfinden. Die fehlende Anonymität kann den Interviewten dazu verleiten, sozial oder pädagogisch erwünschte Antworten zu geben (Bsp.: „Machen Sie in Ihrem Unterricht häufig Gruppenarbeit?" – „Ja natürlich, das ist doch selbstverständlich!").

Standardisierte Interviews werden vor allem durchgeführt, wenn eine schriftliche Befragung schwierig ist (z.B. bei mangelnden Deutschkenntnissen ausländischer Eltern oder bei mangelnder Lesefähigkeit von Erstklässlern, aber auch bei Befragungen zum Schulimage in der benachbarten Fußgängerzone).

Fragebogen

Der Fragebogen wird von einer Person oder einem Team entwickelt und von der Befragungsgruppe ausgefüllt. Meist gibt es am Anfang der Befragung eine schriftlich formulierte und verlesene Einführung und Erläuterung zum Ausfüllen. Verständnisfragen der Befragten sollten vermieden werden, wenn geplant ist, dass mehrere Gruppen, die den Fragebogen unabhängig voneinander ausfüllen, miteinander verglichen werden sollen. Sonst könnte es bei den Ergebnissen eventuell in Einzelfällen zu Verzerrungen kommen. Die Fragen können in offener und in geschlossener Form vorkommen.

Bei **offenen Frageformen** werden dem Befragten keinerlei Antwortvorgaben gegeben. **Vorteil** dieser Befragungsform ist, dass sich der Befragte in seiner Antwort nicht auf bestimmte Vorgaben eingeengt fühlt und deshalb sehr individuell Auskunft geben kann. Die offene Frageform wird dann benutzt, wenn die Einstellung zum Befragungsgegenstand kaum bekannt ist oder wenn sehr differenziert gefragt werden soll. Der **Nachteil** ist klar:
Die Auswertung ist weitaus komplizierter als bei geschlossenen Fragen mit Antwortvorgaben. Die freien Antworten müssen inhaltsanalytisch ausgewertet, gesammelt und bewertet werden. Eine typische offene Frageform ist diese: „Welche Hobbys hast du?"

Geschlossene Frageformen können dann verwendet werden, wenn zum Untersuchungsgegenstand schon viele Details bekannt sind. Will ein Sportgymnasium wissen, welche Hobbys die Schüler im sportlichen Bereich betreiben, würde sich eine geschlossene Frageform anbieten, bei der einzelne Sportarten aufgeführt werden. Um sicherzugehen, dass sich der Befragte wiederfindet, kann es eine Kategorie „Sonstiges" geben. Die **Vorteile** geschlossener Frageformen sind klar: Sie lassen sich sehr unaufwändig statistisch auswerten. Es lassen sich also größere Gruppen mit geringerem Aufwand befragen. Die Anonymität bei geschlossenen Frageformen ist größer als bei offenen. Die Anzahl pädagogisch erwünschter Antworten ist damit geringer. **Nachteilig** ist, dass sich die Befragten immer auf eine geringe Zahl von Antwortmöglichkeiten eingeengt fühlen und damit eine gewisse Unzufriedenheit eintreten kann. Die Befragten haben immer das Gefühl, dass ihre Antwort eigentlich nicht hundertprozentig das trifft, was sie eigentlich zum Ausdruck bringen wollten. Es müssen also beim Beantworten immer gewisse Kompromisse eingegangen werden.

Bei geschlossenen Antwortvorgaben gibt es verschiedene Antwortkategorien:

- Alternativvorgaben (ja/nein, Junge/Mädchen)
- Wahlvorgaben (eine Antwort muss gewählt werden, z.B.: „Wie lautet dein Lieblingsfach? Deutsch, Mathematik, Englisch")
- Rating-Skalen (abgestufte Antwortvorgaben, z.B.: „Wie gefällt dir der Schulhof? sehr gut, gut, schlecht, sehr schlecht")
- Rangordnungsvorgaben (Sortieren der Antworten nach Präferenz, z.B.: „Welche Methoden verwendest du beim Vokabellernen? Nummeriere von 1 = sehr häufig bis 4 = selten).

Offene und geschlossene Frageformen können natürlich auch miteinander kombiniert werden. Es bietet sich an, einer Reihe von geschlossenen Fragen immer noch eine offene Kategorie „Was ich noch sagen wollte ...“ anzufügen, um dem Befragten die Möglichkeit einzuräumen, im Bedarfsfall eigene wichtige Punkte zu ergänzen.

Bei Fragebögen sollte man sich vorher genau überlegen, was erfragt werden soll. **Die Antworten können kategorisiert werden:**

- Meinungen, Einstellungen (z.B. Lieblings-Komponist, „Was denkst du über ...?“),
- Einschätzungen (z.B.: „Glaubst du, dass das Methodentraining dein Lernverhalten insgesamt verändert hat?“),
- Beurteilung („Bewerte die fachliche Qualität des Vortrags!“),
- Verhaltensweisen („Um wie viel Uhr gehst du am Abend vor Klassenarbeiten ins Bett?“),
- spezifische Tätigkeiten („Wie verhältst du dich, wenn du auf dem Schulhof eine Prügelei beobachtest?“),
- Wissen und Fakten,
- demografische Merkmale (Geschlecht, Alter, Herkunft, Religion usw.).

Fragebogen mit standardisierten Antwortvorgaben bestehen meist aus mehreren Skalen. Zu jedem Kriterium gehören mehrere Indikatoren. Diese werden dann in der Auswertung als Aussage zusammengefasst. Jede einzelne Frage eines Indikators bezeichnet man als Item.

≋ *Wie erstelle ich den passenden Fragebogen?*

Es gibt für Ihre speziellen Anforderungen keinen fertigen Fragebogen? Dann müssen Sie sich wohl selbst an die Arbeit machen und einen entwerfen. Aber denken Sie unbedingt daran: Fragen Sie nie nach Kriterien („Bist du in der Schule zufrieden?“), sondern leiten Sie aus den Kriterien immer zuerst Indikatoren ab, an denen Sie das Kriterium erkennen können. Erst mit den Indikatoren finden Sie die passenden Fragen. **Für jeden Fragebogen gilt eine eherne Regel:** Der Fragebogen und alle seine Teile müssen so übersichtlich, eindeutig und klar strukturiert wie möglich gestaltet sein.

Das ist vor allem deshalb wichtig, weil es einem Befragten nie gefallen wird, einen Fragebogen auszufüllen. Wenn dieser ihm dann noch dazu nicht gefällt, schwierig zu verstehen oder einfach nur unübersichtlich ist, wird es noch unwahrscheinlicher sein, dass der Fragebogen wahrheitsgemäß und gewissenhaft ausgefüllt wird.

Ein Fragebogen besteht in der Regel aus **zwei Teilen**. In einem ersten Teil erfährt derjenige, der den Fragebogen ausfüllen muss, welchen Hintergrund die Befragung hat und was beim Ausfüllen beachtet werden muss. Achten Sie darauf, dass Sie den erklärenden Einleitungsteil so formulieren, dass die Schüler der entsprechenden Altersgruppe ihn auch verstehen. Formulieren Sie adressatengerecht! Und: Wenn der Text auch wirklich gelesen werden soll, muss er kurz und so übersichtlich wie möglich sein.

Darauf sollte der **Einleitungsteil eines Fragebogens** besonders eingehen:

- **Zweck und Inhalt der Befragung**
  Beispiel: Nach dem Ende der Klassenfahrt möchte ich von euch erfahren, ob die Reise ein Erfolg gewesen ist (Zweck). Deshalb werden in diesem Fragebogen verschiedene Themen abgefragt, u.a. Programmgestaltung, Unterkunft und Organisation (Inhalt).
  In manchen Fällen kann es besser sein, die Schüler gerade nicht über den Zweck des Fragebogens aufzuklären. So kann verhindert werden, dass die Schüler die Fragen voreingenommen beantworten.

- **Hinweise zur Anonymisierung des Fragebogens**
  Ich möchte von euch nicht wissen, wer welche Antworten gegeben hat. Mich interessiert lediglich das Gesamtergebnis. Deshalb braucht ihr euren Namen nicht auf den Fragebogen zu schreiben. Alle Antworten bleiben anonym.

- **Anleitung zum Ausfüllen**
  Versucht, den Fragebogen zügig durchzuarbeiten. Müsst ihr bei einer Frage etwas ankreuzen, dann kreuzt bitte nicht zwischen zwei Möglichkeiten an, sondern entscheidet euch, so schwer es auch fällt, für die Antwort, die eher zutrifft.

- **Hinweise zum Ergebnis**
  Sobald ich die Fragebögen ausgewertet habe, werde ich mit euch und, auf der nächsten Elternversammlung, mit den Eltern die Ergebnisse besprechen. Bitte füllt den Fragebogen gewissenhaft aus!

Wenn Sie die Entwicklung einzelner Schüler über einen längeren Zeitraum verfolgen wollen (z.B. im Vergleich: Anfang und Ende des Schuljahres), müssen die Fragebögen **codiert** werden. Das machen die Schüler am besten selbst. Sie geben sich selbst einen Code, den nur sie alleine kennen. Diesen Code verwenden sie dann immer wieder. Eine Möglichkeit ist, dass die Schüler sich eine Zahl ausdenken. Nur wissen die Schüler am Ende des Schuljahres noch die Zahl, die sie sich am Anfang des Schuljahres ausgedacht haben? Wohl nicht. Besser ist es, wenn die Schüler sich einen Code, nach vorgegebenen Regeln, aus verschiedenen persönlichen Daten konstruieren.

Eine gängige Möglichkeit ist diese:

- Tag des Geburtstags des Vaters (z.B. 19 – für 19.11.1942)
- Tag des Geburtstags der Mutter (z.B. 17 – für 17.7.1944)
- Erster Buchstabe des Geburtsortes des Vaters (z.B. B – für Berlin)
- Erster Buchstabe des Geburtsortes der Mutter (z.B. K – für Königsberg)
  Der Code für mich würde dann lauten: *19-17-BK*

Es ist äußerst unwahrscheinlich, dass zwei Schüler einer Klasse den gleichen Code haben; darüber hinaus ist es relativ schwierig, aus diesem Code darauf zu schließen, wer den Fragebogen ausgefüllt hat.

Die ausgewählten Fragen bzw. Items stammen wahrscheinlich aus verschiedenen Themenbereichen. Sie können Fragen verschiedener Themenbereiche mischen, wenn Sie verhindern wollen, dass die Befragten pauschale Antworten geben, sobald sie den Themenbereich erkannt haben.

Grundsätzlich gilt für die Formulierung von Items:

- Items können als **Fragen** oder als **Aussagen** formuliert werden.
  Das Essen war gut.
  (trifft zu – trifft eher zu – trifft eher nicht zu – trifft nicht zu)
  War das Essen gut? (ja – nein)

- Die Items müssen so formuliert werden, dass sie von der entsprechenden Altersklasse **verstanden** werden!

- **Doppelte Verneinungen** sollten grundsätzlich vermieden werden.
  Bist du dagegen, dass Referate nicht bewertet werden? (ja? nein? oder was?)

- **Die Begriffe *immer, nie, alle, niemand*** sollten in Items vermieden werden, da sie in den seltensten Fällen beantwortet werden können.

Machst du immer/nie deine Hausaufgaben?
(Hier kann kein Schüler guten Gewissens eine wahre Antwort geben.)

- In Fragen muss immer nur **ein Aspekt** abgefragt werden. Fragen mit Verknüpfungen verschiedener Aspekte schränken die Antwortmöglichkeiten stark ein.
  Waren das Essen und das Wetter auf der Klassenfahrt schlecht?
- Von **suggestiven Fragestellungen** ist abzuraten. Sie unterstellen eine bereits als richtig oder falsch geltende Antwort.
  Bist du nicht auch der Meinung, dass sich die Klasse auf Vokabeltests besser vorbereiten sollte?
- Formulieren Sie nie alle Items **nur** positiv oder nur negativ.

Die **Checkliste 7** können Sie gemeinsam mit einem von Ihnen entwickelten Fragebogen einer anderen Person zur Kontrolle und Rückmeldung übergeben.

Checkliste 7:
„Fragebogen-Erstellung"

Evaluationsvorhaben: ______________________

	Ja	*Nein*	*Anmerkungen, Verbesserungstipps*	✓
Sind der Einleitungsteil und die Erklärungen zum Ausfüllen verständlich formuliert?				
Sind alle Fragen einfach und präzise formuliert?				
Sind die Fragen altersgemäß formuliert?				
Wurden doppelte Verneinungen vermieden?				
Wurde in jeder Frage lediglich ein Aspekt abgefragt?				
Wurden suggestive Fragestellungen vermieden?				
Ist ein Pretest mit einer anderen Gruppe sinnvoll?				

≋ *Das Fragebogenprogramm „Grafstat“*

Im Internet unter www.grafstat.de steht ein von Uwe Diener entwickeltes umfangreiches Instrument zur Entwicklung von Fragebögen zur Verfügung. Mit diesem Programm können Sie Fragebögen entwickeln, gestalten und ausdrucken. Das Programm ermöglicht darüber hinaus die Durchführung von Online-Befragungen. Auch die Erfassung, Auswertung und Verwaltung der Daten ist problemlos möglich. Bildungseinrichtungen können das Programm kostenlos über das Internet beziehen.

Das Programm ermöglicht, Fragebögen mit den **fünf am häufigsten benötigten Frageformen** zu erstellen:

- Einfachwahl
- Mehrfachwahl
- Skala
- Maßzahl
- freie Frage

≋ *Datensammlung*

Die Sammlung der Daten (s. **Checkliste 8,** S. 84) muss den betreffenden Personen vorher angekündigt werden. Sie sollte zudem von gut geschulten Personen durchgeführt werden, die auch ggf. Fragen beantworten können, und außerdem bei mehreren Befragungen in einem relativ engen zeitlichen Rahmen stattfinden. Damit kann verhindert werden, dass Ergebnisse verfälscht werden (z.B. Austausch zwischen den einzelnen Gruppen über Inhalte und Methoden der Befragung).

Checkliste 8: **„Datensammlung“**

Evaluationsvorhaben: ____________________		✓
Datum:		
Zeitraum:		
Raum:		
Verantwortlich:		
Befragungsgruppe:		
Benötigte Materialien:		
Organisatorische Hinweise (z.B. Raumordnung etc.):		
Bemerkungen:		

≋ *Datenschutz*

Die **Persönlichkeitsrechte** aller Beteiligten müssen gewahrt werden. Einzeldaten von Schülern müssen anonymisiert oder ersatzweise pseudonymisiert werden. Je nach Umfang der Befragung und Alter der Schüler müssen Erziehungsberechtigte der Befragung zustimmen. In jedem Fall sollte eine **offensive Informationspolitik** dazu führen, dass die Akzeptanz der Befragung gesteigert und das Vertrauen in die Anonymität innerhalb der Befragung gewährleistet ist.

Beachten Sie Folgendes:

- Ist die Anonymität nicht gewährleistet, weil z.B. die Befragungsgruppe zu klein ist oder die Antworten deutliche Rückschlüsse auf die Person zulassen, sollte darüber vor der Befragung **informiert** werden. Erklären Sie den Betroffenen, was mit den Daten geschieht, und lassen Sie ggf. eine Einverständniserklärung unterzeichnen.
- Eventuell ist eine **Anonymisierung** bei bestimmten Fragestellungen gar **nicht gewünscht**. Schüler äußern dieses gelegentlich, wenn sie Rückmeldungen zum Unterricht geben. Es ist ihnen wichtig, dass der Lehrer ihre persönliche Meinung kennt. Deswegen kann das Aufschreiben des Namens in bestimmten Fällen den Schülern freigestellt werden.
- Kann eine Anonymisierung nicht gewährleistet werden, obwohl diese notwendig wäre, muss eine **Vertrauensperson** gewählt werden, die alleinigen Zugang zu den Daten hat.
- Achtung! Sollen die Befragten etwas **handschriftlich** ausfüllen (z.B. die allseits bekannte Frage „Was ich noch sagen wollte ...?"), dann kann daraus meist sehr einfach auf den Urheber geschlossen werden. Gerade Lehrer sind in der Handschriftenerkennung wahre Meister.
- Durch **Hilfskonstruktionen** lässt sich ggf. eine Anonymität herstellen. Wird in einer Lehrerbefragung nach den studierten Fächern gefragt, ist sehr schnell zu identifizieren, wer welchen Fragebogen ausgefüllt hat. Schließlich gibt es nur zwei Chinesischlehrer an der Schule. Hier könnten beispielsweise Fächer zu Fachgruppen zusammengefasst werden (z.B. Musik, Kunst, Theater zu musisch-künstlerischer Bereich oder Französisch, Spanisch und Italienisch zu romanischen Sprachen).

2.3 Codierung und Auswertung

Die Daten müssen so gesammelt und aufbereitet werden, dass sie für die Zielgruppe bereits die Möglichkeit zur Schlussfolgerung zulassen. Die Sammlung und Auswertung quantitativer Daten erfolgt zumeist mit dem Computer. Entweder ist bereits zu dem gewählten Instrument eine Auswertungsdatei (z. B. in Excel) vorhanden oder diese muss von einem Fachmann oder von Ihnen für die Befragung in einem **Datenverarbeitungsprogramm** angelegt werden.

Zunächst einmal werden den einzelnen Fragen in einem Fragebogen **Variablen und Werte** zugeordnet. Was kompliziert klingt, ist eigentlich ganz einfach. Jeder Fragebogen bekommt eine fortlaufende Nummer (z.B. Variable V1) mit dem Wert 1 bis xy, je nachdem, wie viele Fragebogen Sie haben. Fragen Sie im Fragebogen z. B. nach dem Geschlecht, so wäre das Geschlecht die Variable (z.B. V2), die unterschiedliche Werte haben kann. Der Wert 1 wäre z.B. weiblich, der Wert 2 männlich (oder umgekehrt – ganz wie Sie wollen).

Verwenden Sie in Ihrem Fragebogen **Rating-Skalen** mit vier Abstufungen, so hat jede Skala eine Variable mit vier Ausprägungen (z.B.: 4=trifft zu, 3=trifft eher zu, 2=trifft eher nicht zu, 1=trifft gar nicht zu).

Aber Achtung! Sie erleichtern sich die Auswertung, wenn Sie, je nach Frageform, ggf. die Ausprägungen bereits bei der Erfassung umcodieren. Konkret heißt das: Sie erfassen die Aussage „Der Unterricht war lehrreich." mit den oben genannten Ausprägungen (4=trifft zu usw.), eine negativ formulierte Aussage „Ich habe mich oft gelangweilt." jedoch mit umcodierten Werten (1=trifft zu, 2=trifft eher zu, 3=trifft eher nicht zu, 4=trifft gar nicht zu). Gibt es eine Antwortkategorie „weiß nicht", bekommt diese die Ausprägung 9. Diese Zahl ist weit von den anderen entfernt, außerdem macht sie in Tabellenkalkulationen nicht so viele Probleme wie die Zahl Null. Ist die beste Beurteilung immer die höchste Zahl, muss auch bei einer „Zensurenverteilung" umcodiert werden (1=6, 2=5 usw.).

Im kurzen Fragebogen (s. **Abb. 8,** S. 87) zur Stundenbeurteilung durch Schüler sehen Sie kursiv gesetzt die Variablen und die Ausprägungen. Die erfassten Daten „Datum", „Unterrichtsstunde" und „Fach" wurden dabei nicht berücksichtigt. Achten Sie einmal auf die dritte Frage in der Tabelle (V5).

Abb. 8: Fragebogen zur Stundenbeurteilung (Arbeitsbogen)

V1 *Fragebogen-Nr. 1 bis xy*

Datum ____________________ _____. *Unterrichtsstunde*

Fach ____

V2 ❐ *(1) männlich* ❐ *(2) weiblich*

Bitte beurteilt die soeben erlebte Unterrichtsstunde. Achtet darauf, dass sich euer Urteil nur auf diese eine Unterrichtsstunde und nicht auf den gesamten Unterricht, den Fachlehrer oder das Fach bezieht.
Bitte kreuzt an:

	stimmt	*stimmt eher*	*stimmt eher nicht*	*stimmt nicht*	*weiß ich nicht*
V3 *Ich konnte dem Unterricht in dieser Stunde gut folgen.*	❐ 4	❐ 3	❐ 2	❐ 1	❐ 9
V4 *Ich konnte selbst Einfluss auf den Verlauf des Unterrichts nehmen.*	❐ 4	❐ 3	❐ 2	❐ 1	❐ 9
V5 *Ich habe mich in dieser Stunde oft gelangweilt.*	❐ 1	❐ 2	❐ 3	❐ 4	❐ 9
V6 *Ich habe in dieser Stunde etwas gelernt, das ich bei anderen Gelegenheiten gebrauchen kann.*	❐ 4	❐ 3	❐ 2	❐ 1	❐ 9

V7 Insgesamt beurteile ich diese Unterrichtsstunde
mit der Zensur (1–6): ______ (1=6, 2=5, 3=4, 4=3, 5=2, 6=1)

V8 Das wollte ich noch sagen:

____

____

____

Vielen Dank für die Mitarbeit!

≋ *Erste kleine Schritte mit Excel*

Es gibt zahlreiche Programme zur Datenverarbeitung. **Microsoft Excel** bietet mit seinen vielfältigen Möglichkeiten ein sehr umfangreiches Instrument zur Datenaufbereitung an. Ich möchte Ihnen an dem obigen Beispiel zeigen, wie Sie Daten in Excel sammeln und einfache Diagramme erstellen können. Auf eine komplexe Darstellung der individuellen Möglichkeiten von Excel wird hier aber verzichtet. Es gibt dazu zahlreiche weiterführende Literatur.

Grundsätzlich sollte in einer Excel-Datei jeder einzelne Bogen und nicht bereits zusammengetragene Daten erfasst werden. Das hat den Vorteil, dass man bei Unklarheiten auch im Nachhinein noch jeden einzelnen Bogen identifizieren kann. Excel arbeitet mit Tabellen. Deswegen muss als Erstes die Entscheidung gefällt werden, ob Sie die einzelnen Bögen **horizontal oder vertikal** erfassen möchten. Bei der horizontalen Erfassung wird jeder Fragebogen in eine eigene Zeile eingetragen, bei der vertikalen in eine eigene Spalte.

Bei den folgenden Erläuterungen habe ich mich für erstere Möglichkeit entschieden. Jeder Fragebogen bekommt eine eigene Zeile. Die Spalten werden nach den Variablen und nach einer Kurzbezeichnung der entsprechenden Frage beschriftet. Wenn Sie die Möglichkeit dazu haben, versuchen Sie doch einmal, alle nun hier beschriebenen Schritte selbst am Computer nachzuvollziehen.

Fragebogen-Nr.	*Geschlecht*	*Unterricht gut folgen*	*selbst Einfluss nehmen*	*oft gelangweilt*	*für andere Gelegenheiten gelernt*	*Zensur für Stunde*	*Anmerkungen*
V1	***V2***	***V3***	***V4***	***V5***	***V6***	***V7***	***V8***

Anschließend werden die Daten aus den einzelnen Fragebögen in die Datei aufgenommen. Achtung: In den Spalten F und H werden die bereits codierten Werte der Variablen V5 und V7 eingetragen. In Spalte F habe ich darüber hinaus zur besseren Verständlichkeit das Item umformuliert (aus „oft gelangweilt“ wurde „selten gelangweilt“).

In Spalte I werden die Kommentare aus der offenen Frageform „Das wollte ich noch sagen:" gekürzt aufgenommen.

	B	C	D	E	F	G	H	I
	Fragebogen-Nr.	*Geschlecht*	*Unterricht gut folgen*	*selbst Einfluss nehmen*	*selten gelangweilt*	*für andere Gelegenheiten gelernt*	*Zensur für Stunde (6=sehr gut)*	*Anmerkungen*
4	***V1***	***V2***	***V3***	***V4***	***V5***	***V6***	***V7***	***V8***
5	*01*	*1*	*4*	*2*	*4*	*2*	*5*	*Stunde hat Spaß gemacht.*
6	*02*	*1*	*4*	*2*	*3*	*2*	*4*	–
7	*03*	*1*	*3*	*3*	*3*	*1*	*6*	–
8	*04*	*2*	*3*	*2*	*3*	*2*	*6*	–
9	*05*	*2*	*4*	*2*	*3*	*3*	*5*	–
10	*06*	*2*	*4*	*3*	*4*	*2*	*5*	*Bin selten drangekommen.*
11	*07*	*1*	*3*	*1*	*2*	*2*	*6*	–
12	*08*	*2*	*3*	*2*	*3*	*1*	*4*	*Ich kapier nichts mehr.*
13	*09*	*2*	*3*	*4*	*2*	*2*	*3*	–
14	*10*	*1*	*2*	*3*	*3*	*2*	*6*	–
15	*11*	*1*	*1*	*2*	*3*	*3*	*5*	–
16	*12*	*2*	*3*	*3*	*4*	*3*	*6*	–
17	*13*	*1*	*2*	*2*	*3*	*2*	*5*	*Herr Müller ist auch nett.*
18	*14*	*2*	*4*	*3*	*3*	*1*	*4*	*Mein Nachbar nervt mich.*
19	*15*	*2*	*3*	*2*	*3*	*1*	*4*	–

Wenn alle Daten von den Fragebögen in die Datei aufgenommen wurden, sollte **stichprobenartig** noch einmal überprüft werden, ob sich Fehler eingeschlichen haben. Das geht am besten zu zweit. Einer liest aus der Tabelle vor, der andere kontrolliert mit den Fragebögen.

Die gebräuchlichste Rechenoperation ist die **Häufigkeitszählung**. Diese zählt, wie oft ein Wert vorkommt. Auf unseren Fragebogen übertragen, wäre das (V2): „Wie viele Jungen und wie viele Mädchen haben den Fragebogen ausgefüllt?" oder (V3): „Wie viele Schüler stimmen der Aussage „Ich konnte dem Unterricht gut folgen" zu/eher zu/eher nicht zu/nicht zu. Oder leichter ausgedrückt: Wie viele Einsen, Zweien, Dreien und Vieren gibt es?

(V2): „Wie viele Jungen und wie viele Mädchen haben den Fragebogen ausgefüllt?"

1	*3x*	*2*	*5x*	*3*	*6x*	...

Ich beschreibe die Vorgehensweise exemplarisch an der Spalte D und der Variable V3. Man geht folgendermaßen vor:

Legen Sie unterhalb der eingegebenen Daten (vorzugsweise zwei Spalten weiter links, also in Spalte B) eine **Spalte mit den möglichen Werten der Variable** an. Schreiben Sie also die Werte 1, 2, 3 und 4 untereinander in vier Zellen (B23–B26). Markieren Sie nun die vier Zellen, die rechts daneben in Ihrer Spalte D liegen (D23–D26). Klicken Sie die Schaltfläche Funktionsassistent an (fx). Wählen Sie in dem sich öffnenden Fenster die Funktionskategorie „Statistik" und anschließend unter „Name der Funktion" die „HÄUFIGKEIT". Nachdem Sie „OK" geklickt haben, öffnet sich ein weiteres Fenster mit den Feldern Daten und Klassen. Klicken Sie in das Feld Daten und markieren Sie anschließend die Zellen Ihrer Tabelle, in denen die Häufigkeiten gezählt werden sollen (D5 bis D19). Gegebenenfalls muss dazu das Fenster verschoben werden. Klicken Sie nun in „Klassen" und markieren Sie, welche Werte (1–4) gezählt werden sollen (B23–B26). Wenn Sie das geschafft haben, kommt der schwierigste Teil der Übung. Klicken Sie *nicht* auf „OK", sondern betätigen Sie gleichzeitig die Tasten „Strg", „Shift" und „Eingabe".

Das Ergebnis lautet: Ein Schüler hat den Wert 1 angekreuzt („trifft nicht zu"), zwei Schüler haben den Wert 2 angekreuzt („trifft eher nicht zu"), sieben Schüler haben den Wert 3 („trifft eher zu") angekreuzt und fünf Schüler den Wert 4 („trifft zu").

	B	C	D	E	F	G	H	I
	Fragebogen-Nr.	*Geschlecht*	*Unterricht gut folgen*	*selbst Einfluss nehmen*	*selten gelangweilt*	*für andere Gelegenheiten gelernt*	*Zensur für Stunde (6=sehr gut)*	*Anmerkungen*
4	***V1***	***V2***	***V3***	***V4***	***V5***	***V6***	***V7***	***V8***
5	*01*	*1*	*4*	*2*	*4*	*2*	*5*	*Stunde hat Spaß gemacht.*
6	*02*	*1*	*4*	*2*	*3*	*2*	*4*	–
7	*03*	*1*	*3*	*3*	*3*	*1*	*6*	–
8	*04*	*2*	*3*	*2*	*3*	*2*	*6*	–
9	*05*	*2*	*4*	*2*	*3*	*3*	*5*	–
10	*06*	*2*	*4*	*3*	*4*	*2*	*5*	*Bin selten drangekommen.*
						...		
16	*12*	*2*	*3*	*3*	*4*	*3*	*6*	–
17	*13*	*1*	*2*	*2*	*3*	*2*	*5*	*Herr Müller ist auch nett.*
18	*14*	*2*	*4*	*3*	*3*	*1*	*4*	*Mein Nachbar nervt mich.*
19	*15*	*2*	*3*	*2*	*3*	*1*	*4*	–

	B	C	D
22	**Wert**	**Bezeichnung**	**Anzahl**
23	*1*	*trifft nicht zu*	**1**
24	*2*	*trifft eher nicht zu*	**2**
25	*3*	*trifft eher zu*	**7**
26	*4*	*trifft zu*	**5**

In die freien Zellen C23–C26 zwischen die beiden Spalten B und D können Sie die Bezeichnungen der Werte („trifft zu“ usw.) einsetzen. Nun können Sie die Zellen C23–C26 und D23–D26 markieren und ein aussagekräftiges Diagramm mit dem **Diagramm-Assistenten** dazu erstellen.

Ich konnte dem Unterricht in dieser Stunde gut folgen.

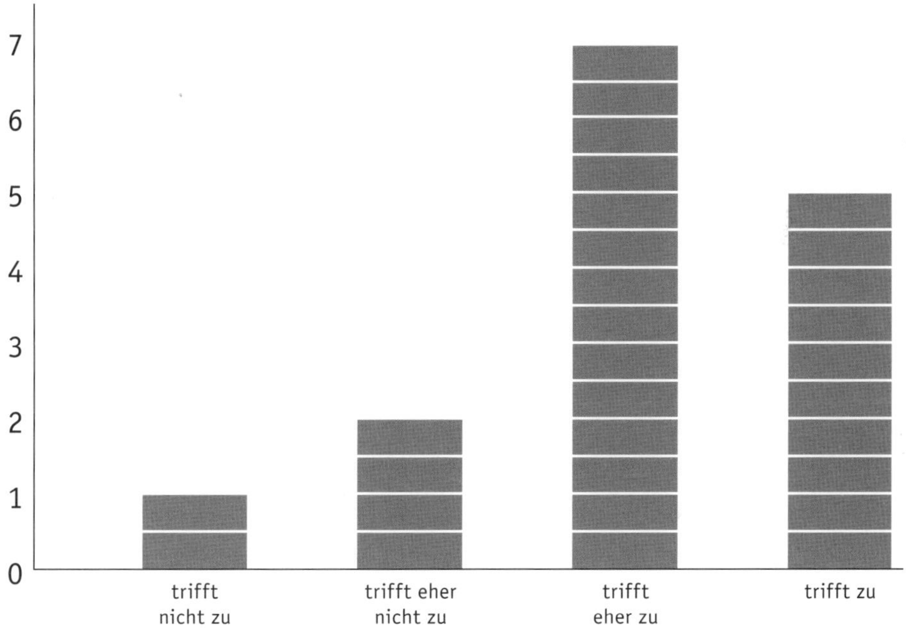

Soll die Häufigkeit (z.B. für die Zelle D23) in **Prozente** umgerechnet werden, so wird eine freie Zelle angeklickt und in die Formelzeile die Rechenoperation=D23*100/15. Die 15 steht für die Gesamtzahl der Fragebögen.

	B	C	D	E	F	G	H	I
	Fragebogen-Nr.	*Geschlecht*	*Unterricht gut folgen*	*selbst Einfluss nehmen*	*selten gelangweilt*	*für andere Gelegenheiten gelernt*	*Zensur für Stunde (6=sehr gut)*	*Anmerkungen*
4	***V1***	***V2***	***V3***	***V4***	***V5***	***V6***	***V7***	***V8***
5	*01*	*1*	*4*	*2*	*4*	*2*	*5*	*Stunde hat Spaß gemacht.*
6	*02*	*1*	*4*	*2*	*3*	*2*	*4*	–
7	*03*	*1*	*3*	*3*	*3*	*1*	*6*	–
							…	
16	*12*	*2*	*3*	*3*	*4*	*3*	*6*	–
17	*13*	*1*	*2*	*2*	*3*	*2*	*5*	*Herr Müller ist auch nett.*
18	*14*	*2*	*4*	*3*	*3*	*1*	*4*	*Mein Nachbar nervt mich.*
19	*15*	*2*	*3*	*2*	*3*	*1*	*4*	–

	B	C	D	E
22	**Wert**	**Bezeichnung**	**Anzahl**	
23	*1*	*trifft nicht zu*	**1**	**1**
24	*2*	*trifft eher nicht zu*	**2**	**8**
25	*3*	*trifft eher zu*	**7**	**5**
26	*4*	*trifft zu*	**5**	**1**
27				
28			**Angaben in Prozent**	
29			**6,7**	**6,7**
30			**13,3**	**53,3**
31			**46,7**	**33,3**
32			**33,3**	**6,7**

Den Variablen der Rating-Skalen lassen sich **Formatierungen** zuweisen, die auf den ersten Blick eine Übersicht über die Werte ermöglichen. Markieren Sie dazu den entsprechenden Datenbereich (D5–G19) und klicken Sie im Menü Format auf „Bedingte Formatierung ...". Hier können Sie nun drei unterschiedlichen Werten oder Bereichen (von bis) unterschiedliche Formatierungen zuweisen.

Es können z.B. alle Zellwerte „4" (trifft zu) das Format „Muster → grün" bekommen, die Zellwerte „3" das Format „Muster → gelb" und die Zellwerte „1" und „2" das Format „Muster → rot". Probieren Sie es aus. Es klingt komplizierter, als es ist, und man erhält sehr schnell einen Überblick über die Tendenzen in einer Befragung.

Fragebogen-Nr.	*Geschlecht*	*Unterricht gut folgen*	*Selbst Einfluss nehmen*	*selten gelangweilt*	*für andere Gelegenheiten gelernt*	*Zensur für Stunde (6=sehr gut)*	*Anmerkungen*
V1	*V2*	*V3*	*V4*	*V5*	*V6*	*V7*	*V8*
01	1	4	2	4	2	5	Stunde hat Spaß gemacht.
02	1	4	2	3	2	4	–
03	1	3	3	3	1	6	–
04	2	3	2	3	2	6	–
05	2	4	2	3	3	5	–
06	2	4	3	4	2	5	Bin selten drangekommen.
07	1	3	1	2	2	6	–
08	2	3	2	3	1	4	Ich kapier nichts mehr.
09	2	3	4	2	2	3	–
10	1	2	3	3	2	6	–
11	1	1	2	3	3	5	–
12	2	3	3	4	3	6	–
13	1	2	2	3	2	5	Herr Müller ist auch nett.
14	2	4	3	3	1	4	Mein Nachbar nervt mich.
15	2	3	2	3	1	4	–

Führen Sie diese beispielhafte kleine Befragung doch einfach mal mit einer Klasse durch (s. Fragebogen als Blanko-Formular, **Abb. 9,** S. 95). Legen Sie sich anschließend eine Excel-Datei an und versuchen Sie, die hier beschriebenen Schritte nachzuvollziehen. Meist ist es leichter, etwas selbst zu machen, als es einfach nur trocken und theoretisch zu lesen. Außerdem wird es Ihnen dann beim nächsten Mal schon viel leichter fallen, selbst eine Auswertung vorzubereiten und durchzuführen.

Abb. 9: Stundenbeurteilung (Kopiervorlage)

Fragebogen-Nr. ________
(Bitte nicht ausfüllen!)

Datum ________________ ______. Unterrichtsstunde

Fach ________________________________

❒ männlich ❒ weiblich

Bitte beurteilt die soeben erlebte Unterrichtsstunde. Achtet darauf, dass sich euer Urteil nur auf diese eine Unterrichtsstunde und nicht auf den gesamten Unterricht, den Fachlehrer oder das Fach bezieht.
Bitte kreuzt an:

	stimmt	***stimmt eher***	***stimmt eher nicht***	***stimmt nicht***	***weiß ich nicht***
Ich konnte dem Unterricht in dieser Stunde gut folgen.					
Ich konnte selbst Einfluss auf den Verlauf des Unterrichts nehmen.					
Ich habe mich in dieser Stunde oft gelangweilt.					
Ich habe in dieser Stunde etwas gelernt, das ich bei anderen Gelegenheiten gebrauchen kann.					

Insgesamt beurteile ich diese Unterrichtsstunde
mit der Zensur (1–6): ________

Das wollte ich noch sagen:

____

____

____

Vielen Dank für die Mitarbeit!

≋ *Ergebnispräsentation und Evaluationsbericht*

Wollen Sie die Ergebnisse der Evaluation auch tatsächlich weiterverwenden, dann kommen Sie nicht umhin, diese aufzuarbeiten und handhabbar zu machen. Haben Sie lediglich Ihren eigenen Unterricht evaluiert, wird ein schriftlicher Bericht für Sie und, wenn Sie wollen, für den Fachbereichsleiter oder die Schulleitung genügen. Handelt es sich um größere Projekte, werden Sie Ihre Ergebnisse anderen präsentieren und dann auch für kritische Rückfragen zur Verfügung stehen müssen.

Zunächst einmal zum **schriftlichen Evaluationsbericht**: Dieser sollte so geschrieben sein, dass sich anhand des Berichts ein Fremder genau vorstellen kann, wie das gesamte Verfahren abgelaufen und welche Ergebnisse zu Stande gekommen sind. Deswegen bietet sich eine **Gliederung** nach folgendem Muster an. Je nach Größe der Evaluation kann der eine oder andere Punkt auch wegfallen bzw. zusammengefasst werden:

1. Einleitung: **Grund/Auslöser** für die Evaluation
2. Nennung der **Beteiligten**: Auftraggeber, Durchführende, Teilnehmende
3. Darstellung des **Verlaufs** der Evaluation (Rahmen)
4. Detaillierte Beschreibung des zu erfassenden **Evaluationsgegenstandes** (Was genau soll herausgefunden werden?)
5. Gewählte **Kriterien** und zugeordnete **Indikatoren**
6. Beschreibung und ggf. Abbildung des gewählten **Instruments**
7. Beschreibung der **Datenerhebung** (formale Daten: Teilnehmer, Datum, Ort etc.)
8. Nennung aller **Ergebnisse** der Erhebung (ggf. im Anhang)
9. Mögliche **Interpretationen** und **Schlussfolgerungen**
10. **Konsequenzen** und detaillierte **Maßnahmen** auf Grund der Ergebnisse

Unter Umständen fallen die beiden letztgenannten Punkte weg. Das kann dann der Fall sein, wenn der Bericht lediglich als Diskussionsgrundlage dient, um gemeinsam in einer größeren Gruppe Konsequenzen und die nächsten Schritte zu diskutieren.

Sollen die Ergebnisse vor einer größeren Gruppe präsentiert werden, ist es notwendig, diese noch einmal aufzubereiten. Aber Achtung: Aufbereitung heißt nicht Interpretation! Lassen Sie nicht die Dinge unter den Tisch fallen, die Ihnen als unwichtig erscheinen.

Wenn Sie mit einem **Präsentationsprogramm** und dem **Beamer** arbeiten wollen, dann beachten Sie bitte:

- Das Publikum liebt den Spruch „Verwenden Sie PowerPoint oder haben Sie etwas zu sagen?"!
- Eine Präsentation sollte 25 bis 30 Minuten nicht überschreiten.
- 20 Folien genügen völlig.
- Auf jeder Folie sollten nicht mehr als sechs Punkte, bestehend aus jeweils sechs Wörtern zu lesen sein (6x6-Regel).
- Ihre Zuhörer kennen die Materie nicht so gut wie Sie. Deshalb immer schön langsam und der Reihe nach.
- Die Präsentation ersetzt Ihren Vortrag nicht, sie unterstützt ihn nur.
- Lenken Sie nicht durch überflüssige und ständig neue Effekte vom Thema ab.
- Gestalten Sie Ihre Präsentation anschaulich.

Wenn Sie einer größeren Gruppe von Zuhörern Zahlen so vermitteln wollen, dass sie diesen im Gedächtnis bleiben, müssen Sie anschaulich arbeiten. Die unten stehenden Beispiele zeigen, dass es nicht immer Excel sein muss, um eine einfache Zahl ansprechend aufzubereiten. Werden Sie kreativ und überlegen Sie, welches Bild zu einem Befragungsgegenstand passt.

Beispiel 1:
Wie lange arbeiten Ihre Schüler im Schnitt täglich an den Hausaufgaben?

Beispiel 2:
85 Prozent der Schüler stimmen der Aussage zu „Ich habe das Buch mit großem Interesse gelesen?". 15 Prozent der Schüler stimmen der Aussage nicht zu. Oder etwas plastischer: 17 Schülern hat das Buch gefallen, drei Schülern nicht.

2.4 Interpretation und Konsequenzen

„Kennen Sie diese Geschichte? Auf dem Küchentisch liegen vier Brote und sechs Fische. Oder prozentual ausgedrückt: 40 Prozent der auf dem Tisch liegenden Waren sind Brote, 60 Prozent sind Fische. Nun betritt, heimlich, still und leise, eine Katze die Küche. Sie springt leichtfüßig und fast geräuschlos auf den Tisch. Als sie die Fische erblickt, kann sie sich kaum mehr halten. Ein Fisch nach dem anderen wird restlos verspeist. Nach fünf Fischen ist sie so satt, dass sie den letzten sowie alle Brote liegen lässt, sich aus der Küche schleppt und es sich auf dem Sofa im Wohnzimmer bequem macht. Auf dem Küchentisch liegen nun 80 Prozent Brote und 20 Prozent Fische. Und was lernen wir daraus? Katzen können backen!“

Die Interpretation von Zahlen ist schwierig, wie obiges Beispiel zeigt. Meist ist nicht die Methode der Datenerhebung Schuld am schlechten Image der Evaluation, sondern der Umgang damit und die Interpretation der Zahlen.

Zur **Interpretation der Ergebnisse** können diese Fragen gestellt werden:

- Welche Ergebnisse ergeben sich in Bezug auf die von uns aufgestellte Fragestellung?
- Wo gibt es überraschende Ergebnisse, mit denen man nicht gerechnet hat (Abweichungen nach oben und unten)?
- Wo wurden unsere Erwartungen bestätigt?
- Welche Konsequenzen lassen sich aus den Ergebnissen ableiten und in konkrete Zielvorgaben umsetzen?

Als **bench-marking** bezeichnet man den Vergleich der eigenen Daten mit Durchschnittsdaten. Besteht dazu die Möglichkeit (wie z.B. bei den großen Schulleistungsstudien), dann fällt es nicht schwer, die eigenen Ergebnisse zu interpretieren. Ansonsten muss man sich hinsetzen und überlegen, mit welchen Zahlen man vor der Evaluation zufrieden gewesen wäre.

Fallen die Ergebnisse schlechter als erwartet aus, liegt einem ganz schnell auf der Lippe: „So schlecht? Das lag bestimmt an …“ Es werden immer wieder Erklärungsversuche geliefert, die nicht das eigene Handlungsfeld betreffen. Auf gut Deutsch: Schuld sind immer die anderen. Oder: „Ich kann ja sowieso nichts ändern. Wenn endlich mal die da oben …“ Eine weitere mögliche

Entschuldigung ist: „Das Instrument war schlecht gewählt. Die Fragen waren doppeldeutig, und eigentlich sieht alles doch viel besser aus. Außerdem hatten die Schüler da einen ganz, ganz schlechten Tag." Die Begründung lässt sich widerlegen, wenn in der Vorbereitung der Evaluation (siehe auch Kap. 1.5 „Standards für Evaluation") sauber gearbeitet wurde.

„So gut? Ich hab's euch doch schon immer gesagt ..." hören wir, wenn die Evaluationsergebnisse besser als erwartet ausfallen. Dann folgt noch ein „Ich hatte Recht, den ganzen Evaluationskram hätten wir uns sparen können!" Eben nicht Recht gehabt: Denn jetzt haben wir das schwarz auf weiß, was wir schon immer vermutet haben. Das ist ein Pfund, mit dem man wuchern kann.

Wichtig ist, dass man nach einem Evaluationsvorhaben ganz klare, fest vereinbarte und terminierte nächste Schritte vornimmt. Lesen Sie dazu auch Kap. 3.2 „Schulprogrammarbeit" (smart).

Sammeln Sie in einem unzensierten und unkommentierten Brainstorming alle möglichen und unmöglichen **Ideen für die Weiterarbeit**. Achten Sie dabei darauf, nicht von vornherein unrealistische Ideen auszusortieren. Es ist leichter, später unrealistische Maßnahmen auf eine gute, umsetzbare und hilfreiche Idee herunterzubrechen, als realistische Maßnahmen aufzupusten, damit sie auch wirksam sind.

Ordnen Sie alle Ideen, die im Brainstorming aufgekommen sind, in untenstehendes Raster ein:

Alle Ideen, die im Feld oben rechts (hoher Nutzen, geringer Aufwand) landen, sollten Sie umgehend aufgreifen. Aber auch die Ideen, die in der Mitte rechts und unten rechts stehen, sind es Wert, überdacht zu werden. Schließlich ist im Voraus nie ganz genau abzuschätzen, wie hoch **Aufwand und Nutzen** tatsächlich sind.

		← **Nutzen** →		
		gering	*mittel*	*hoch*
← **Aufwand** →	*gering*			
	mittel			
	hoch			

2.5 Risiken vermeiden!

Jedes Projekt birgt gewisse Risiken in sich. So natürlich auch eine Evaluation. Vor allem bei größeren, eventuell die ganze Schule betreffenden Projekten ist es gut, sich vorher etwaige Risiken bewusst zu machen. Denn wenn Sie sich im Voraus bereits der Risiken bewusst sind und mögliche Lösungen gefunden werden können, dann wird es im Erstfall längst nicht so kritisch, als wenn Sie unvorbereitet in ein Problem stolpern.

Grundsätzlich gibt es **zwei Möglichkeiten**, einem Problem zu begegnen:

1. Wenn ein Problem auftritt, verfallen Sie in Aktionismus und versuchen, damit das Problem zu beheben. Das funktioniert nach dem Motto: Die Waschmaschine pumpt nicht mehr ab, also kaufe ich schnell eine neue. (Nebenbei: Dabei hätte es gereicht, das Flusensieb zu reinigen – ein Handgriff von wenigen Minuten).

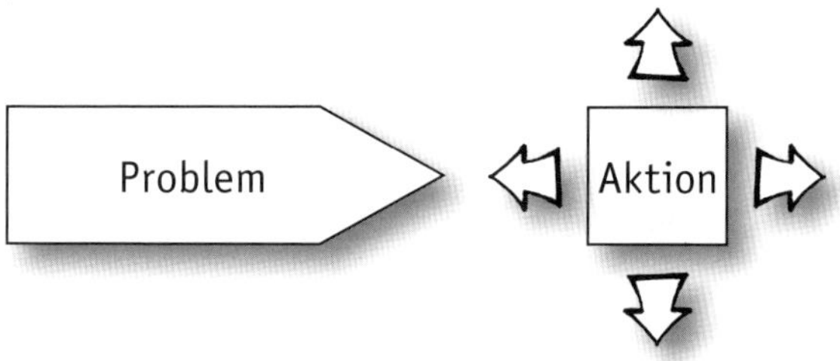

2. Sie gehen nach dem **„PULMAN"-Prinzip** vor. Das bedeutet:

P	***Problem***	*Ein Problem tritt auf.*
U	***Ursachen***	*Es wird nach den Ursachen geforscht.*
L	***Lösungen***	*Mögliche Lösungen werden aufgezeigt.*
M	***Maßnahmenkatalog***	*Ein Maßnahmenkatalog wird aufgestellt.*
A	***Aktion***	*Jetzt erst folgt die eigentliche Handlung.*
N	***Nachkontrolle***	*Schließlich wird überprüft, ob das Problem behoben ist.*

Legen Sie bei einem akuten Problem die **Handlungsschritte** wie in nachfolgender Abbildung fest.

Evaluationsprojekt:	
Problem:	
Ursachen:	
Lösungen:	
Maßnahmenkatalog:	
Aktion:	
Nachkontrolle:	

Bestimmte Probleme und Risiken lassen sich aber von vornherein abschätzen und schließlich auch minimieren. Setzten Sie sich mit den Beteiligten vor dem Projektstart zusammen. Listen Sie alle möglichen Risiken auf **(Risikoportfolio)**. Bei der Planung einer Schulbefragung könnte dies sein:

1. Langfristige Erkrankung des Hauptverantwortlichen.
2. Schule brennt ab.
3. Evaluationsteam verkracht sich.
4. Strömender Regen am Befragungstag.
5. Nicht rechtzeitige Renovierung des Schulgebäudes (nicht genug Räume).
6. Schulleiter sagt kurzfristig gesamtes Vorhaben ohne Begründung ab.
7. ...
8. ...

Nun versuchen Sie, alle Risiken in ein Risikoportfolio einzutragen. Überlegen Sie, inwieweit

- das Eintreffen des Risikos *wahrscheinlich* ist und
- das Eintreffen des Risikos das Projekt *gefährdet*.

Tragen Sie die entsprechende Ziffer der Risiken einfach in das unten stehende Raster ein. Alle Risiken, die sich im rechten oberen Bereich sammeln (im Feld „hoch“ oder an der Grenze zu selbigem) müssen dann näher bedacht werden.

		← Projektgefährdung →		
		gering	*mittel*	*hoch*
← Wahrscheinlichkeit →	*hoch*	6	3	1 5
	mittel		7	4
	gering	8		2

Versuchen Sie, für die problematischsten Risiken, also für diejenigen, die sowohl sehr wahrscheinlich als auch extrem projektgefährdend sind, mögliche **Lösungsansätze** zu finden. Für unser Beispiel könnten die Lösungen dann so aussehen:

Mögliche Lösungen:

Risiko 1: Dem Hauptverantwortlichen eine Person an die Seite stellen, die den ganzen Prozess begleitet und ggf. einspringt.

Risiko 5: Der Baufirma klare Fristen mit Spielraum setzen, gleichzeitig Ausweichtermine suchen und einplanen.

Erstellen Sie für große Evaluationsprojekte, an denen viele Personen beteiligt sind, mit dem abgedruckten Formular **(Abb. 10)** ein eigenes Risikoportfolio. Aber denken Sie daran: Manche Projekte sind schon deshalb in die Hose gegangen, weil man wegen des ständigen Ausfüllens von Formularen und Checklisten nicht mehr zur eigentlichen Arbeit kam. Deshalb sollte genau überlegt werden: Brauche ich für mein Projekt ein Risikoportfolio?

Abb. 10: Risikoportfolio

Projekt		
Mögliche Risiken	*1*	
	2	
	3	
	4	
	5	
	6	
	7	
	8	

		<-- Projektgefährdung -->		
		gering	*mittel*	*hoch*
<-- Wahrscheinlichkeit -->	*hoch*			
	mittel			
	gering			

Risiko-Nr.	*Mögliche Lösung*

2.6 Evaluationsprojekte an die Wand fahren

Sie verfolgen gerade ein Evaluationsprojekt, das Ihnen gar nicht behagt? Sie haben vielleicht keine Lust mehr, an einer bestimmten Stelle weiterzuarbeiten? Nichts leichter als das. Fahren Sie das Projekt einfach mit voller Wucht an eine solide Betonmauer.

Hier **zehn Vorschläge**, die Sie befolgen können, wenn Sie obiges Ziel erreichen wollen:

1. Delegieren Sie alles!
2. Delegieren Sie nichts!
3. Verfahren Sie nach dem Motto „Wissen ist Macht" und teilen Sie nie alles allen am Projekt Beteiligten mit.
4. Setzen Sie unrealistische Ziele und stellen Sie dazu so wenig wie möglich Ressourcen zur Verfügung.
5. Bleiben Sie in Ihrer Zielformulierung möglichst unkonkret. So wird ein ggf. erreichtes Ziel nie das sein, welches Sie selbst erreichen wollten.
6. Vereinbaren Sie Termine zur Überprüfung des Stands der Dinge und legen Sie diese Termine kurzfristig um, oder noch besser: Sagen Sie Termine regelmäßig kurzfristig (ohne Begründung!) ab.
7. Wenn Sie schon eine Zeitplanung machen, dann planen Sie nur kurze und zu enge Zeiträume zum Erreichen von Teilzielen.
8. Versuchen Sie, die zwischenmenschlichen Beziehungen der Beteiligten zu zerstören, indem Sie sich vor Einzelnen abfällig über die Leistungen der anderen äußern.
9. Starten Sie möglichst viele ähnliche Evaluationsprojekte ohne genaue Zielabgrenzung zur gleichen Zeit. Fahren Sie alle an die Wand. Das ergibt dann sogar noch Synergieeffekte.
10. Wenn das Projekt dann ordentlich gegen die Wand gefahren wurde, vergessen Sie nicht, die Schuld auf andere zu schieben. Wertschätzungen der Leistungen der anderen Beteiligten sollten Sie am Ende, aber auch schon während des ganzen Projekts, tunlichst vermeiden.

Kapitel

3 Evaluationsprojekte – ganz praktisch

E

V

A

L

U

A

T ausende von

I nstrumenten –

O hne Anpassung läuft

N ichts!

3.1 Evaluation von Unterricht

≋ *Was ist guter Unterricht?*

Wenn es an die Beurteilung von Unterricht geht, das kennen Sie aus dem Referendariat oder eventuell von Besuchen Ihres Schulleiters oder **Schulaufsichtsbeamten**, dann geht es auch immer um die Frage, was eigentlich guter Unterricht ist. Wo ist die Richtschnur für unser unterrichtliches Handeln? Die Diskussion über dieses Thema ist wahrscheinlich so alt wie die Schule selbst.

Nehmen Sie sich ein paar Minuten Zeit und notieren Sie einmal die **vier wichtigsten** Merkmale einer im umfassenden Sinne ‚guten' Unterrichtsstunde. Notieren Sie diese vier Merkmale in die vier äußeren Kästchen (A–D).

Welches Merkmal dieser vier ist das wichtigste? Schreiben Sie dieses nun in die Mitte und begründen Sie kurz!
Dieses Feedback-Instrument kann übrigens auch vielfältig im Unterricht eingesetzt werden. In einer Gruppenarbeit mit vier Personen könnte ein möglicher Arbeitsauftrag lauten:

1. Alleine: Notieren Sie in Kästchen A drei für Sie wichtige Aspekte von … (5 Min.).
2. In der Gruppe: Notieren Sie die Aspekte der anderen Gruppenmitglieder in den Kästchen B, C und D (5 Min.).
3. In der Gruppe: Einigen Sie sich auf die drei wichtigsten Aspekte von … im Allgemeinen und notieren Sie diese in der Mitte (10 Min.).

Der anerkannte Erziehungswissenschaftler **Hilbert Meyer** benennt in einem Interview der Zeitschrift Schulmanagement (Heft 5/2005) zum Thema „Was ist guter Unterricht?" folgende **zehn Merkmale**:

1. Strukturiertheit (klare Strukturierung des Lehr- und Lernprozesses)
2. Lernzeit (Ausweitung des Anteils „echter" Lernzeit der Schüler)
3. Methodenvielfalt
4. Stimmigkeit der Ziele, Inhalte und Methoden
5. Intelligentes Üben
6. Unterrichtsklima (Schaffung einer lernförderlichen, positiven Arbeitsatmosphäre)
7. Sinn stiftende Unterrichtsgespräche (Vermittlung zwischen Lehrplan und Schülerinteressen)
8. Förderhaltung (Orientierung am individuellen Lernstand, Ermutigung zum Lernen und Vermittlung von Lernstrategien)
9. Schüler-Feedback (regelmäßige Nutzung von Schülerrückmeldungen für die Planung und Durchführung des Unterrichts)
10. Klare Leistungserwartungen und -kontrollen (Transparenz der den Schülern vermittelten bzw. zwischen Lehrern und Schülern ausgehandelten Lernerwartungen und Deutlichkeit der Leistungsrückmeldungen)

Er begründet diese zehn Merkmale guten Unterrichts mit zahlreichen Studien und Untersuchungen. Wenn Sie also darangehen, zu überlegen, was guter Unterricht ist und wie man diesen evaluieren kann, dann können Ihnen die zehn aufgeführten Punkte vielleicht eine Hilfe sein.
Vergleichen Sie einmal Ihre eigenen Merkmale guten Unterrichts mit denen von Hilbert Meyer. Das eine oder andere finden Sie bestimmt wieder. Der im folgenden Kapitel aufgeführte 10x10-Bogen orientiert sich an den zehn Merkmalen. Setzten Sie Ihre eigenen Schwerpunkte!

≈ *Wer beobachtet meinen Unterricht?*

Ein wesentliches Instrument zur Qualitätssteigerung im Unterricht ist die Kooperation zwischen Lehrkräften. Und mit Kooperation meine ich nicht: „Das ist ja ein tolles Arbeitsblatt, was du da gefunden hast. Kannst du für mich davon auch einen Klassensatz kopieren?"
Kooperation, die wirklich hilfreich und erfolgreich sein soll, ist gemeinsame Unterrichtskonzeption, natürlich der Austausch von Materialien und die gegenseitige Unterstützung. Dazu gehören auch Absprachen über die Wirkung und Auswirkung von Unterricht sowie ein gemeinsames Qualitätsverständnis. Auch das Team-Teaching darf natürlich nicht vergessen werden.

Der **Kerngedanke von Kooperation** ist aber, dass ich nicht tagein tagaus die Tür hinter mir zumache und im Unterricht alleine bin. Gut, hin und wieder kommt mal der Schulleiter vorbei und sieht sich eine Stunde an. Dann wird ein bisschen darüber geredet und am nächsten Tag sieht man alles schon wieder viel entspannter. Nein, der Kerngedanke ist, dass ich die Tür zu meinem Klassenraum öffne, damit ich von außen Rückmeldungen über meinen Unterricht erhalte. Diese kontinuierliche Rückmeldung ist nötig, damit sich nicht im Laufe der Zeit aus Gewöhnung bestimmte Verhaltensmuster, die für den Lernerfolg der Schüler störend sind, bei mir einschleifen. Es kostet eine Menge Mut und innere Stärke, sich von anderen für das, was man tut, kritisieren zu lassen. Deshalb kann Kooperation von Lehrkräften auch nicht einfach nur von oben verordnet werden. Vielmehr müssen sich Teams von selbst finden, die Schulleitung gibt lediglich den organisatorischen Rahmen vor.

Der **Erfolg und der Nutzen** bei einer kooperativen Schulorganisation und miteinander arbeitenden Lehrerteams hängt natürlich auch ganz stark von den äußeren Bedingungen ab. Bei einer wöchentlichen Unterrichtsverpflichtung von bis zu 28 Stunden ist es natürlich äußerst schwierig, zusätzlich noch Stunden zu finden, in denen man bei einem Kollegen im Unterricht hospitiert und anschließend auch noch umfassend Rückmeldungen gibt. Aber: Es muss ja auch nicht jede Woche sein. Es gibt Lehrer, die seit 20 Jahren alleine (natürlich nicht ganz alleine, da sind ja auch noch die Schüler) im Unterricht sind. Ein Anfang wäre es doch schon, ein- oder zweimal im Schuljahr einen Kollegen zu bitten, im Unterricht zu hospitieren und anschließend eine kurze Rückmeldung zu geben.

Der 10x10-Bogen

In dem 10x10-Bogen (**Abb. 11,** siehe Anhang S. 147 ff.) werden **Indikatoren** zu den Meyer'schen zehn Merkmalen eines guten Unterrichts abgefragt. Diesen Bogen können Sie für sich selbst zur Vorbereitung und Reflektion von Unterricht nutzen, Sie können aber auch einen Kollegen bitten, anhand dieses Bogens Ihren Unterricht zu beobachten.

Bitte beachten Sie dabei folgende **Hinweise**:

- Es ist nicht immer sinnvoll, alle zehn Bereiche beurteilen zu lassen. Vielleicht entscheiden Sie sich am Anfang für **vier bis fünf Bereiche**, die Sie beobachten lassen. Dabei wählen Sie zwei bis drei Bereiche, bei denen Sie wissen, dass Sie da gut abschneiden, und einen oder zwei Bereiche, die Sie, was Ihren eigenen Unterricht betrifft, als kritisch beurteilen würden.
- Markieren Sie im 10x10-Bogen die **für Sie wichtigen Punkte** in der zweiten Spalte durch Ankreuzen („Meine Schwerpunkte").
- Sie können bestimmte **Kriterien**, die Sie für eines der Merkmale als besonders wichtig einschätzen, farblich markieren.
- Der Beobachter sollte sich vor der zu beobachtenden Stunde mit dem Fragebogen gründlich vertraut machen. Es ist ratsam, zunächst eine längere Zeit den **Unterricht zu beobachten** und erst im letzten Drittel seine Wertungen vorzunehmen.
- **Informieren** Sie Ihren **Beobachter** vor der Stunde ganz kurz, vielleicht auf einer DIN-A6-Karteikarte über das Stundenthema und den geplanten Verlauf.
- Benennen Sie ggf. weitere **Fragestellungen**, zu denen Sie gerne eine Rückmeldung hätten (z.B. eigene Körpersprache, Ticks und Angewohnheiten, Schüleraktivitäten usw.).
- Alle Aussagen können nach der vierstufigen **Rating-Skala** ++ (trifft zu), + (trifft eher zu), – (trifft eher nicht zu) und –– (trifft nicht zu) beurteilt werden. Die Raute # als „Weiß nicht"-Antwort ist nur dann anzukreuzen, wenn keine Beurteilung möglich war (weil z.B. eine bestimmte Schüleraktivität nicht genau beobachtet werden konnte). In Abgrenzung dazu wird das „––" dann ankreuzt, wenn etwas tatsächlich nicht vorhanden war und damit nicht zutrifft. Meist greift man nur in Ausnahmefällen auf die Raute zurück.
- Ein Gesamturteil, das alle Merkmale zusammenfasst, kann nicht abgegeben werden. Allerdings kann jedes einzelne **Merkmal** gewertet werden. Dazu wird durch den Beobachter aber nicht der Mittelwert der gesetzten Wertungen errechnet, vielmehr muss selbst gewichtet werden und schließlich eine Beurteilung erfolgen.

≈ *Schüler beurteilen lassen*

Im Allgemeinen wird davon ausgegangen, dass Schüler, weil sie eben tagtäglich verschiedene Lehrer und unterschiedliche Unterrichtsstunden erleben, Meister im Beurteilen von Unterricht sind. Tatsächlich ist es so, dass Schüler gelegentlich zu Nachbesprechungen von Referendars-Lehrproben hinzugebeten werden, um aus ihrer Sicht den Unterricht zu reflektieren. Das mag man sehen, wie man will ...

Es ist in der Realität so, dass seitens des Lehrers eine Menge Mut dazu gehört, sich von den Schülern beurteilen zu lassen. Das kann nicht jeder Lehrer ertragen, und man muss genau überlegen, was für eine Schulklasse man befragt.

Die einfachste und direkteste Form der Rückmeldung erhalten Sie, wenn Sie sich mit den Schülern **im Unterricht über Unterricht** unterhalten. So selbstverständlich das ist, so selten wird es gemacht. Etwas unterhaltsamer und aufschlussreicher wird es, wenn Sie Schüler (z.B. auf dem bunten Abend während einer Klassenfahrt) bitten, einzelne typische Szenen Ihres Unterrichts nachzuspielen. Das kann einen zum Lächeln, aber auch zum Nachdenken bringen.

Detaillierte Rückmeldungen erhalten Sie, wenn Sie eine **Befragung (Abb. 12)** durchführen (Achtung: Einige Items müssen in der Auswertung umcodiert werden).

Abb. 12: Beurteilung des Lehrers

Name (freiwillig):	***Klasse:***		***Fach:***		
Unser Lehrer ...	***1*** *trifft voll und ganz zu*	***2*** *trifft zu*	***3*** *mal so – mal so*	***4*** *trifft eher nicht zu*	***5*** *trifft nicht zu*
ist freundlich und höflich.					
ist humorvoll.					
hat Zeit für uns.					
macht uns Mut.					
setzt sich für uns ein.					
beurteilt die Leistungen gerecht.					
geht auf Nachfragen ein.					
kümmert sich auch um die Schwachen.					

ist geduldig.					
sorgt für Ruhe und Konzentration im Unterricht.					
kann sich durchsetzen.					
ist konsequent.					
erklärt im Unterricht verständlich.					
regt uns zu selbstständiger Arbeit an.					
kann ein langweiliges Thema spannend erklären.					
gestaltet den Unterricht interessant.					
beginnt die Stunden pünktlich.					
beendet die Stunden pünktlich.					
lobt gute Leistungen.					
fordert von der Klasse gute Leistungen.					
schimpft viel im Unterricht.					
bevorzugt einige Schüler.					
bevorzugt Jungen.					
bevorzugt Mädchen.					
fragt nach unserer Meinung.					
geht auf unsere Interessen ein.					
ist offen und ehrlich.					
kann auch eigene Fehler zugeben.					
ist gerne in unserer Klasse.					

Das kann unser Lehrer/unsere Lehrerin noch besser machen:

Darüber hinaus können Sie, wenn Sie das Gerede auf den Elternabenden satt sind, bei denen es immer nur um das schlechte Klassenklima geht, eine **Befragung zum Klassenklima** durchführen **(Abb. 13,** S. 112**)**. Dann haben Sie endlich einmal Zahlen in der Hand.

Abb. 13: Schülerbefragung zum Klassenklima

Name (freiwillig):	*Klasse:*		*Fach:*		
Das Klima in meiner Klasse beurteile ich so:	*1 trifft voll zu*	*2 trifft zu*	*3 mal so – mal so*	*4 trifft eher nicht zu*	*5 trifft nicht zu*
Wir haben eine tolle Klassengemeinschaft.					
Keiner wird ausgegrenzt.					
Wir fühlen uns füreinander verantwortlich.					
Es gibt einige Cliquen, die sich bekämpfen.					
Wir sind lauter Einzelkämpfer.					
Bei uns herrscht eine starke Konkurrenz.					
Neue haben es bei uns in der Klasse schwer.					
Streber können wir nicht leiden.					
Keiner wird verpetzt.					
Wir bringen uns gegenseitig zu guten Leistungen.					
Unser Klassenlehrer ist gut.					
Unsere Lehrer unterrichten gerne bei uns.					
Wenn wir von unseren Lehrern kritisiert werden, nehmen wir die Kritik ernst.					
Das möchte ich noch persönlich ergänzen:					

≋ *Feedback-Instrumente*

Es gibt zahlreiche Instrumente, die Sie im Unterricht einsetzen können, um von Schülern ein kurzes Feedback zur Stimmung, zu Unterrichtsinhalten oder Methoden zu bekommen. Warum sollen Sie erst umfangreiche Instrumente entwickeln, wenn Sie lediglich eine kurze Rückmeldung erhalten möchten? Das Feedback ist die einfachste und schnellste Form der Evaluation. Es gibt zahlreiche Feedback-Instrumente und Methoden. Einige seien hier kurz dargestellt, eine große Auswahl finden Sie in *Arthur Thömmes: Unterrichtseinheiten erfolgreich abschließen. 100 ergebnisorientierte Methoden für die Sek. Verlag an der Ruhr, 2006. ISBN 3-8346-0153-5*

Zielscheibe

Die Fragestellung kann beliebig gewählt werden, z.B.: „Wie geht es dir heute?“ An der Tafel wird (am besten verdeckt) eine große Zielscheibe befestigt oder angemalt. Die Schüler markieren nacheinander und einzeln ihr derzeitiges Wohlbefinden mit einem Klebepunkt, einem Kreidekreuz oder einem Tafelmagneten (sofern ausreichend Magnete für die ganze Klasse vorhanden sind).

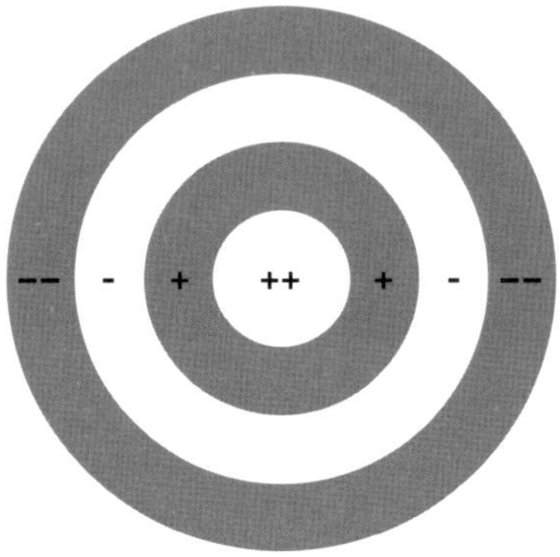

Stimmungsthermometer

Das Thermometer funktioniert wie die Zielscheibe. Wird offen gepunktet, besteht die Gefahr, dass sich Schüler eher nach der Meinung anderer Schüler richten und an die gleiche Stelle wie der Freund ihren Punkt kleben, als tatsächlich ihre eigene Meinung kund zu tun (1). Das Thermometer kann auch in abgewandelter Form, einfach an die Tafel gemalt, zu einer x-beliebigen Frage zur Stellungnahme auffordern (2). Für kleine und leseschwache Schüler geht es noch einfacher (3).

Mir geht es heute ...

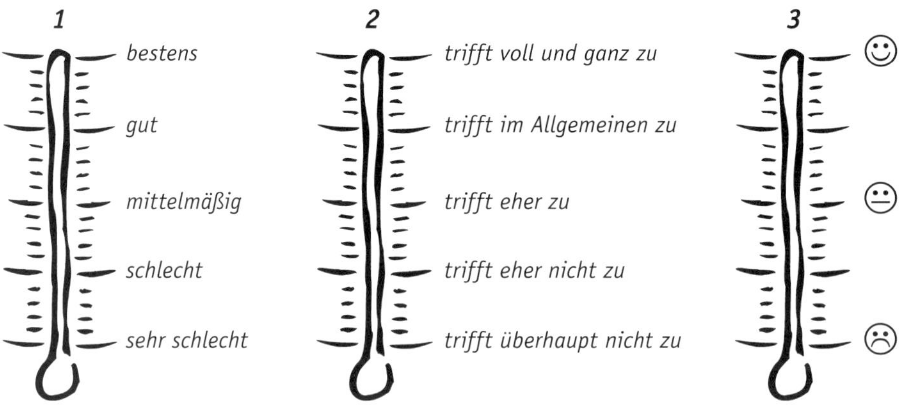

Evaluationsspinne

Bei der Evaluationsspinne werden in einer Grafik mehrere Aspekte abgefragt. Es ist empfehlenswert, den Schülern erst auf einem Arbeitsblatt die Gelegenheit zu geben, ihre Kreuzchen zu machen. Anschließen tragen die Schüler

ihre Wertungen in einer Spinne, die an die Tafel gemalt wurde, ein. So verringern Sie die zu beobachtende Tendenz, dass die Schüler (oder Lehrer oder Eltern) ihre Wertungen dort setzen, wo bereits die besten Freunde oder die Mehrheit der anderen ihre Markierungen gemacht haben. Das liegt daran, dass sich die befragten Personen bereits einmal entschieden haben und sich dann in der Öffentlichkeit eher nicht mehr umentscheiden.

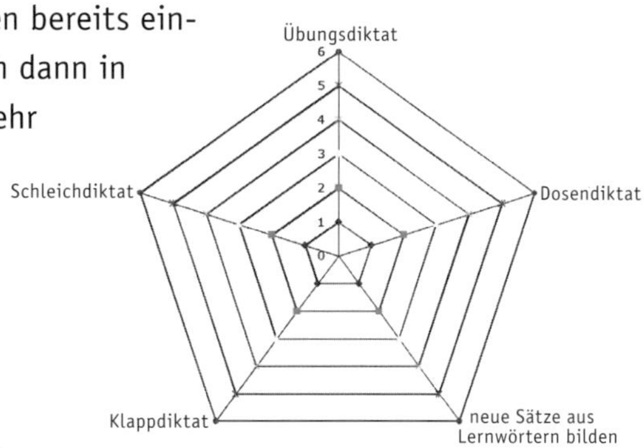

In dem hier abgebildeten Beispiel wird eine Klasse nach den Methoden-Vorlieben in der Diktatvorbereitung befragt.

Die Schüler können entweder die Methoden nach Zensuren bewerten oder die Erklärung bekommen, je weiter außen (also am Begriff) der Klebepunkt gesetzt wird, desto größer ist die Zustimmung. In diesem Fall kann man auf Zahlen auch ganz verzichten.

Feedback – einmal anders

Wenn schon ein Fragebogen für das Feedback, dann kann dieser auch mal etwas abwechslungsreicher gestaltet sein. Dass Fragebögen nicht immer langweilig und stupide aussehen müssen, zeigt folgendes Beispiel. Aber Achtung! Die Auswertung ist aufwändig, denn es handelt sich hier ausschließlich um offene Fragestellungen!

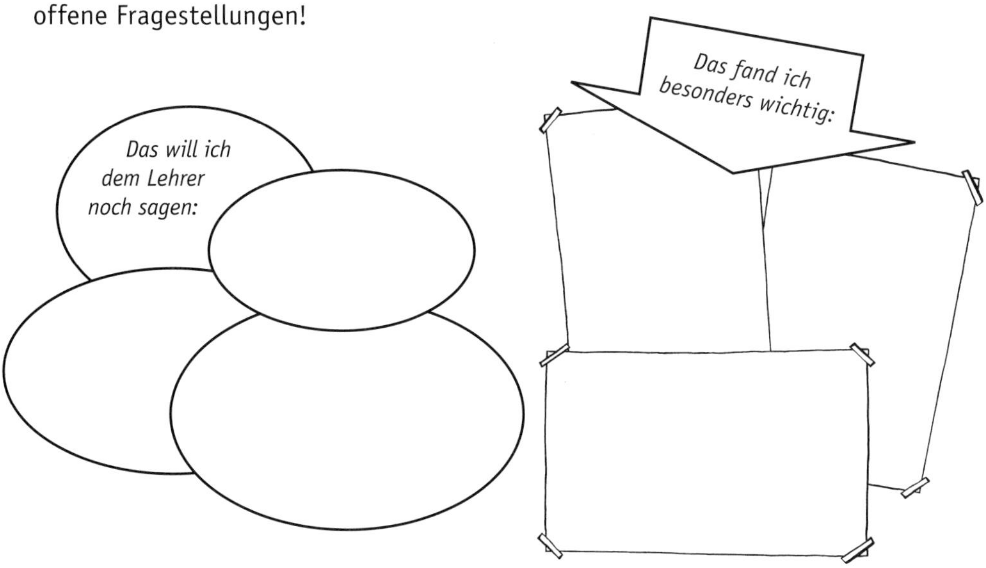

Feedback-Landschaft

Ein weiteres Mittel zum Feedback erfordert ein ganz klein wenig zeichnerisches Geschick. Malen Sie auf ein großes Blatt Moderationspapier oder einfach an die Schultafel ein Bild nach unten stehendem Beispiel oder frei nach Ihrer Kreativität. Fordern Sie die Schüler (oder Kollegen oder Eltern) dazu auf, sich jeweils selbst mit einer selbstgewählten Farbe in diese Landschaft zu malen. Das muss nicht in Form einer Person sein, jeder kann ein Symbol (Vogel, Fahrrad, Wolke, Baum, Mensch usw.) selbst wählen. Anschließend erläutert jeder, warum er sich gerade an dieser oder jener Stelle sieht. Sie erhalten dabei die unterschiedlichsten Formen der Rückmeldung, zu den behandelten Themen genauso wie zur persönlichen Stimmung Einzelner.

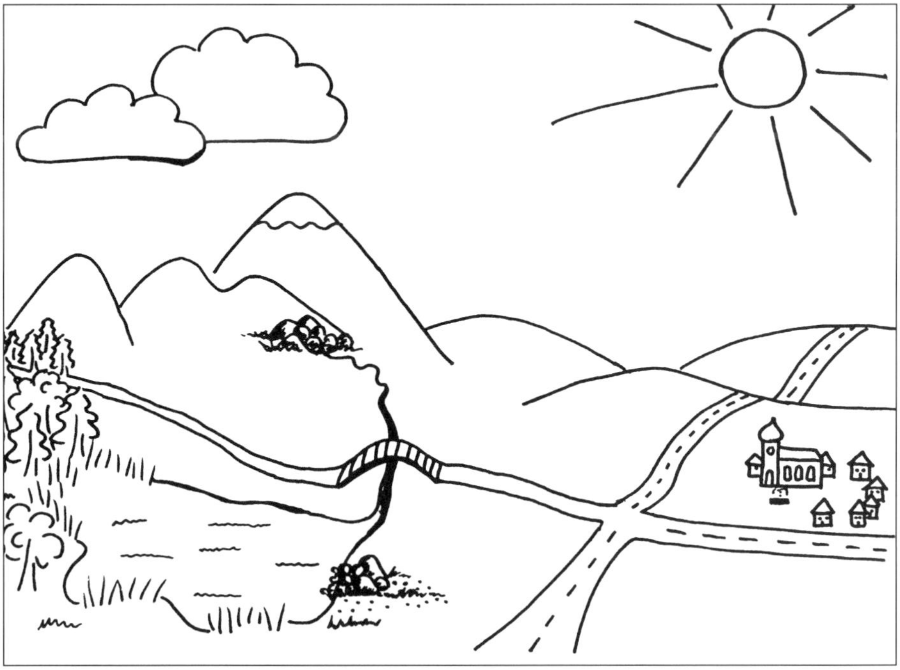

3.2 Bestandsaufnahme innerhalb der Schulentwicklung

≋ *Schulprogrammarbeit*

Schulprogrammarbeit ist Pflicht. Ein Schulprogramm zu erstellen, ist eine sehr arbeitsaufwändige Angelegenheit. Evaluation ist immer Bestandteil der Schulprogrammarbeit. Zum einen ist sie die Basis der Schulprogrammarbeit, weil am Anfang der Erarbeitung des Schulprogramms immer eine Bestandsanalyse (das ist natürlich auch Evaluation!) stehen sollte. Zum anderen sollte in einem Schulprogramm, das ja zugleich auch ein Arbeitsprogramm sein kann oder soll, festgelegt werden, wie bestimmte Erfolge in der Schulprogrammarbeit, und damit in der Qualitätsentwicklung der Schule, gemessen werden können.

Also, ins Schulprogramm gehören immer Aspekte der Evaluation. Dabei kann man sich an diesen **Kernfragen** orientieren:

1. Welche Evaluationsvorhaben werden bereits kontinuierlich bzw. unregelmäßig an der Schule durchgeführt, um welche **Punkte im Schulprogramm** zu überprüfen?
2. Was waren die **Anlässe** für die bereits durchgeführten Evaluationsvorhaben?
3. Welche **neuen Aspekte** gibt es im Schulprogramm und wie kann deren Entwicklung durch Evaluationen begleitet werden?
4. An welchen **Merkmalen** kann eine erfolgreiche Umsetzung der im Schulprogramm beschriebenen Ziele festgemacht werden?
5. Welche konkreten **Indikatoren** können gemessen werden?
6. In welchen **Abständen** und mit welchen **Methoden** wird die gesamte Schulprogrammarbeit evaluiert?

Es sollte Wert darauf gelegt werden, dass Ziele „smart" formuliert werden. Das heißt:

s	*spezifisch*	*Was ist genau das Ziel? Was soll unberücksichtigt bleiben (genaue Abgrenzung)?*
m	*messbar*	*Ist das angestrebte Ziel mit (bereits vorhandenen) Instrumenten messbar?*
a	*akzeptiert*	*Ist das Ziel von allen Bezugsgruppen der Schule gewollt und herrscht Konsens? Konsens heißt in der Regel, dass 75–80% zustimmen.*
r	*realistisch*	*Hat die Schule selbst die Möglichkeit, das Ziel zu erreichen, oder liegt es außerhalb der Zuständigkeiten der Schule?*
t	*terminiert*	*Wurden ein Zeitplan und ein bestimmter Termin festgelegt, bis zu dem vorher bestimmte Punkte erreicht werden sollen?*

≋ *Instrumente der Bestandsaufnahme*

Es gibt zahlreiche Instrumente und Methoden zur Bestandsaufnahme in einer Schule. Die Bestandsaufnahme als Ausgangspunkt der Schulprogrammarbeit sollte von allen am Schulleben Beteiligten durchgeführt werden. Auf ihren Ergebnissen bauen dann die Leitbild- und Schulprogrammentwicklung auf. Weil sie die Basis für jegliche Weiterarbeit ist, sollte sie gewissenhaft durchgeführt werden.

Kartenabfrage

Eine der einfachsten Methoden ist die Kartenabfrage. Diese kann mit Lehrern auf einer Konferenz genauso wie mit den Schülern im Unterricht und den Eltern auf einer Elternversammlung durchgeführt werden. Die verschiedenen **Bereiche der Schule** (also z.B. Sprachenangebot, Schulklima, Gebäude, Berufsberatung usw.) werden an mehrere Moderationswände (oder Schultafeln) geschrieben. Jedem stehen grüne, rote und gelbe Karten zur Verfügung.

- Auf *grünen* Karten werden Dinge formuliert, die die Schule schon hat und die gut und erfolgreich laufen.
- Auf *roten* Karten werden zu bemängelnde Aspekte der Schule notiert.
- Auf *gelben* Karten können Wünsche für die zukünftige Gestaltung der Schule verschriftlicht werden. Auch bereits im Ansatz vorhandene Ideen gehören auf gelbe Karten.

Jeder befestigt die von ihm selbst ausgefüllten Karten bei den entsprechenden Bereichen. Es sollte darauf geachtet werden, dass jeweils nur **ein Wort** oder **ein Thema** auf einer Karte steht. Anschließend werden inhaltsgleiche oder -ähnliche Karten durch den Moderator geclustert, d.h. zusammengehängt. Am Ende dieses Prozesses muss die **schriftliche Zusammenfassung der Bestandsaufnahme** stehen. Wichtig dabei ist: Es sollten nur die Punkte erfasst werden, die tatsächlich Konsens sind. Treten Bereiche auf, bei denen Diskussionsbedarf besteht und unterschiedliche Auffassungen vorhanden sind, gehören sie zwar nicht unter den Teppich, aber auch nicht in die Bestandsaufnahme. Konkret heißt das: Steht auf einer Karte „Schlechter Umgang der Schüler untereinander" und können diesen Punkt nicht die überwiegende Mehrzahl der Kollegen mittragen, dann herrscht kein Konsens. Der Punkt wird in die Bestandsaufnahme nicht mit aufgenommen. Ist auf einer Karte zu lesen „Unfreundliche Sekretärin", auf einer anderen aber „immer hilfsbereite Büromitarbeiterin", so muss auch geklärt werden, ob die Mehr-

heit des Kollegiums der einen oder der anderen Karte zustimmen kann. Nebenbei: Für diesen Bereich der Schule gibt es bei Problemen selten einfache Lösungen!

Bei der Verschriftlichung kann die Häufigkeit der Nennung eines Punktes aufgeführt werden, allerdings hat diese nicht wirklich einen statistischen Nutzen, da das Verfahren nicht als empirisch zu bezeichnen ist.

SCHULhaus-Strategie©

Die SCHULhaus-Strategie ist ein einfaches und vielseitig einsetzbares Instrument, um zu erkennen, wo in einer Schule Potenziale, aber auch Hindernisse vorhanden sind. Sie ist sowohl mit Schülern, Lehrern als auch mit Eltern einsetzbar, weil sie denkbar einfach ist. Je nach Gruppengröße und Umfang der Fragestellung werden für diese Methode eine bis drei Stunden veranschlagt.

Die SCHULhaus-Strategie fragt nach folgenden Bereichen in der schulischen Arbeit:

	Thema	***Mögliche Fragestellungen bzw. Impulse***
S	*Stärken*	*Wo liegen besondere Stärken der Schule, die sie von anderen unterscheidet?*
C	*Chancen*	*Welche Chancen bieten Schulumfeld, Ausstattung, Lehrer-, Schüler- und Elternklientel?*
H	*Herausforderungen*	*Wo werden besondere pädagogische, erzieherische und soziale Herausforderungen gesehen?*
U	*Unwägbarkeiten*	*Welche Risiken sind vorhanden und welche Lösungsansätze gibt es hierfür?*
L	*Lasten*	*Welche Lasten schleppt die Schule mit sich herum und wie können diese erleichtert werden?*

Zunächst sollten sich die Beteiligten in Einzelarbeit stichwortartig aufschreiben, was ihnen zu dem jeweiligen Themenbereich einfällt. Einige **Stichworte** auf einer Kopie der Grafik von **Abb. 14** (S. 119) genügen.

In Partner- oder Kleingruppenarbeit sollten dann die **Einzelergebnisse zusammengetragen** und auf Karten notiert werden. Nach Gewichtung verwendet man unterschiedliche Farben (wichtig: gelb; weniger wichtig: hellblau). Analogien zu den Ampelfarben Rot, Gelb, Grün sind hier nicht praktikabel und sollten deshalb vermieden werden.

In einer weiteren Phase, für die ein Moderator benötigt wird, befestigen die Beteiligten die Karten auf einer **vergrößerten Abbildung** (z.B. auf einer Moderationswand).

Am Ende des Prozesses werden alle Karten, die **nicht Konsens** in der Gruppe sind, wieder entfernt. Gegebenenfalls muss darüber per Abstimmung ein Meinungsbild erstellt werden. Meist ist es nicht sinnvoll, in der Findungsphase von Potenzialen und Hindernissen bereits eine Diskussion zu führen. Aussagen, die nicht mehrheitsfähig sind, dürfen aber auf keinen Fall einfach nur unter den Tisch fallen. Diese sollten in späteren Arbeitsphasen diskutiert werden. Manches hat sich dann bereits erledigt.

Abb. 14: SCHULhaus©

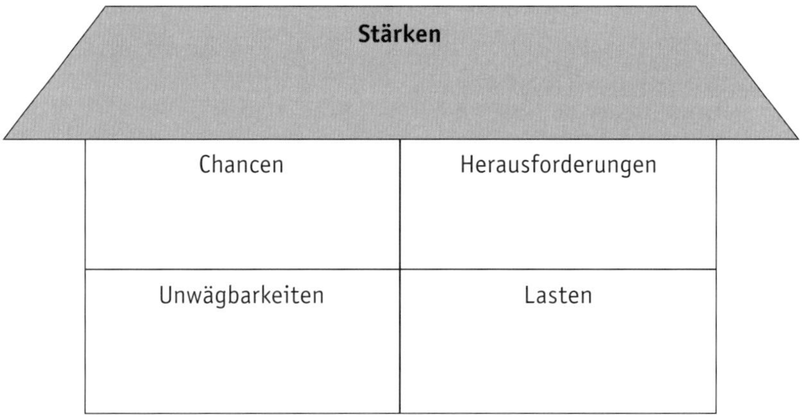

L,S,E-Fragebogen

Das **Schulmanagement-Institut** (www.Schulmanagement-Institut.de) unter der Verantwortung von Ingrid Baulecke hat zur Bestandsaufnahme Fragebögen für Lehrer, Schüler und Eltern entwickelt, die sehr kompakt **folgende Bereiche** (z.B. bei den Lehrern) abfragen:

- Ziele und Anforderungen des Unterrichts
- Inhalte, Methoden und Leistungsstandards
- Das Miteinander von Lehrern, Eltern und Schülern
- Berufszufriedenheit und kollegiale Zusammenarbeit
- Schul-, Klassen- und Fachräume
- Die Leitung der Schule
- Weiteres

Die Fragebögen (s. **Abb. 15,** siehe Anhang S. 153 ff.) dürfen wir mit freundlicher Genehmigung des Schulmanagement-Instituts (Norderstedt) in diesem Buch abdrucken.

Schulbarometer

Das **Institut für Schulentwicklungsforschung Dortmund** arbeitet seit langer Zeit mit dem von ihm entwickelten „Schulbarometer – Ein mehrperspektivisches Instrument zur Erfassung von Schulwirklichkeit". Dieses beruht auf Fragebögen für Lehrer, Eltern und Schüler. Die Fragebögen liegen in gedruckter Form vor und können beim IFS Dortmund (www.ifs.uni-dortmund.de) gekauft werden. Im Lieferumfang befinden sich Disketten, auf denen die Fragebögen in digitaler Form und auch eine Excel-Auswertungsdatei beiliegen. Es wird empfohlen, nicht alle Fragebögen in der vorliegenden Form, sondern lediglich ausgewählte, die eigene Schule betreffende Fragen zu verwenden. Das IFS liefert außerdem **Durchschnittsdaten** auf Diskette, zu denen man die eigene Schule dann in Relation setzten kann.

Selbstevaluation in Schulen (SEIS)

Die **Bertelsmann-Stiftung** (www.das-macht-schule.de) hat ein **Steuerungsinstrument** entwickelt, dass Schulen helfen soll, in der Schulentwicklung voranzukommen. Basis von Fragebögen für Eltern, Lehrer und Schüler ist ein international vereinbartes Qualitätsverständnis von einer guten Schule, das auf **fünf Dimensionen** beruht:

1. Erfüllung des Erziehungs- und Bildungsauftrages
2. Lernen und Lehren
3. Führung und Management
4. Schulklima und Schulkultur
5. Zufriedenheit

Wenn man sich als Schule entscheidet, dieses sehr umfangreiche Instrument zu nutzen, können die Teilnehmer die Befragung online oder mit Hilfe gedruckter Fragebögen durchführen. Die Anzahl der Fragen variiert zwischen 27 für 10-jährige Schüler und 80 für Lehrer. Die Beantwortung der Fragen dauert etwa 20 bis 30 Minuten.

Die Fragen sind überwiegend nach folgendem Schema aufgebaut:

	stimme völlig zu	*stimme eher zu*	*stimme eher nicht zu*	*stimme gar nicht zu*	*weiß nicht*
Wenn ich etwas nicht verstanden habe, fällt es mir leicht, Fragen zu stellen.	❐	❐	❐	❐	❐
Ich kann mir gut selbst Ziele setzen, um mich zu verbessern.	❐	❐	❐	❐	❐
In meiner Schule habe ich gelernt, Probleme zu lösen.	❐	❐	❐	❐	❐

Die Auswertung der Fragebögen (gerade bei großen Schulen) ist sehr aufwändig und kann durch externe Firmen vorgenommen werden. Der **Bericht**, der dann erstellt wird, ist umfangreich und detailliert. Auf Seiten der Schule muss die Aufgabe übernommen werden, die Daten auszuwerten und entsprechende Maßnahmeplanungen vorzunehmen. Die Nutzung des Instruments und die Auswertung über eine externe Firma sind zwar **kostenpflichtig**, allerdings erhält man eine sehr aussagekräftige Datenmenge, mit der gut weitergearbeitet werden kann.

Polaritätenprofile

Eine einfache Methode der allgemeinen Bewertung ist eine Umfrage mit Hilfe von Polaritätenprofilen. Legen Sie denselben Fragebogen mit so genannten **Signalwörtern** dem Kollegium und anderen Gruppen der Schule (z.B. den Eltern) vor. So lernen Sie etwas über unterschiedliche Wahrnehmung der Schule. Wo sich zwischen den Antworten des Kollegiums und der Elternschaft große Differenzen ergeben, liegt ein Ansatzpunkt für die Schulprogrammarbeit. Auffallend große negative Übereinstimmungen in verschiedenen Gruppen bieten ebenfalls Hinweise zur Weiterarbeit.

Beim **Konstruieren** eines Polaritätenprofils sollte man darauf achten, dass nicht immer die positiven Adjektive auf der einen, die negativen auf der anderen Seite stehen. Zur **Auswertung**: Beteiligen sich mehrere Personen an einer Umfrage, werden die Kästchen von links nach rechts durchnummeriert (hier von 1 bis 7) und wie bei einem Zensurenspiegel der Durchschnitt errechnet. Die Durchschnittswerte in eine Tabelle eingetragen und von oben nach unten mit einer Linie verbunden, ergeben dann das Polaritätenprofil.

Im folgenden Beispiel wird nach verschiedenen **Bereichen des Organismus Schule** gefragt.

Schulische Angebote/Fächer								
	3	2	1	0	1	2	3	
vielfältig								*eintönig*
langweilig								*spannend*
praktisch								*theoretisch*
lebensfern								*lebensnah*
kompetent								*inkompetent*
antiquiert								*modern*

Verwaltung und Organisation								
	3	2	1	0	1	2	3	
zuverlässig								*unzuverlässig*
unfreundlich								*freundlich*
schnell								*langsam*
bürokratisch								*flexibel*
kompetent								*inkompetent*
konservativ								*innovativ*

Räumlichkeiten und Ausstattung								
	3	2	1	0	1	2	3	
veraltet								*modern*
sauber								*schmutzig*
schlecht								*gut*
ansprechend								*unmodern*
dunkel								*hell*
motivierend								*abschreckend*

Die gleichen Bewertungstabellen könnten Sie für die Bereiche Arbeitsgemeinschaften/Projekte, Kollegium, Schülerschaft etc. anlegen.

Die folgende Abbildung eignet sich als Blanko-Formular zur eigenen Weiterarbeit.

Polaritätenprofile

	3	2	1	0	1	2	3	

Weitere Instrumente zur Bestandsaufnahme:

- „bilanz ziehen" (Staatsinstitut für Schulpädagogik und Bildungsforschung ISB, München), www.isb.bayern.de
- „Q-Prozess" (Bundesarbeitsgemeinschaft Schule Wirtschaft), www.q-prozess.de

≈ *Auswertung von Schuldaten*

Zur Bestandsaufnahme gehört immer die Auswertung der Schuldaten. Viele statistische Daten muss eine Schule regelmäßig weiterleiten. „Die da oben wollen das so." Dabei sind viele dieser Daten doch auch für die eigene Arbeit aufschlussreich und informativ.

Betrachten Sie doch einmal die **Veränderungen**, die sich an Ihrer Schule in den letzten fünf Jahren in diesen Bereichen ergeben haben:

- Schülerzahlen
- Verhältnis Jungen/Mädchen bzw. Lehrerinnen/Lehrer
- Altersdurchschnitt der Lehrer
- Abgangsnoten bzw. -empfehlungen
- Einordnung nach religiöser Zugehörigkeit
- nationale Einordnung nach Herkunft
- Anteil der Schüler mit Migrationshintergrund

- Herkunft der Schüler (nach vorlaufenden Bildungseinrichtungen)
- Abgang an nachfolgende Bildungseinrichtungen
- Fehlquote, Verspätungen, z.B. bezogen auf Jahrgänge

Erheben Sie diese Daten aber nicht nur, um irgendwelche Daten zu erheben. Überlegen Sie vielmehr bereits vorher, was Sie mit den konkreten Ergebnissen anfangen möchten.

≋ *Ergründung des Schulimages*

Welche Eigenschaften haben Images im Allgemeinen?

- Je mehr **Informationen** bekannt sind, desto breiter und zuverlässiger kann sich ein Image formen. Liegen nur wenige Informationen über die Schule vor, bildet sich ein schlichtes, oft zu stark vereinfachtes Bild. Vielfältige Informationen lassen dagegen ein vielgestaltiges Vorstellungsbild mit zahlreichen Fassetten entstehen.
- **Images entstehen schnell**. Anfangs reicht eine neue Information aus, damit sich die Vorstellung von einer Schule ändert: Galt eine Schule wegen der zahlreichen Sport-Arbeitsgemeinschaften als sportbetont, kann sich das schlagartig ändern, wenn bekannt wird, dass in einem Jahrgang aus Mangel an Schülern kein Leistungskurs Sport zu Stande kommt.
- **Images verfestigen sich langsam:** Images werden in der Sozialpsychologie den Einstellungen, also Grund- und Werthaltungen, zugeordnet. Je langsamer sie sich aufbauen, desto stabiler und schwerer wandelbar sind sie. Aber:
- **Images erstarren nicht:** Auch wenn Images lange brauchen, um stabil zu werden, sind sie nie starr. Galt eine Schule jahrelang als vertrauenswürdig und offen, kann sich dies schlagartig ändern, wenn z.B. das Gerücht die Runde macht, die Lehrer würden es mit dem Lehrplan oder den Stundenzeiten nicht so genau nehmen.
- **Images wirken selektiv:** Ergebnisse der Image-Forschung zeigen ein weiteres wichtiges Phänomen. Schafft es eine Schule, Eigenschaften, die für bestimmte Bezugsgruppen wichtig sind, wirkungsvoll zu profilieren, treten für diese Bezugsgruppen weniger günstig beurteilte Dimensionen in ihrer Bedeutung zurück: Ist für Eltern wichtig, dass eine Schule zu sozialem Verhalten erzieht, nehmen sie ein angestaubtes Image in Kauf. Und: Bezugs-

gruppen neigen dazu, die für sie in einer zentralen Eigenschaft positiv gesehene Schule auch in anderen Eigenschaften günstig zu beurteilen.

Soll das Image einer Schule in der Umgebung der Schule ergründet werden, kann das mit einem einfachen Fragebogen im Schulumfeld durchgeführt werden. Wie so ein Fragebogen aussehen könnte, sehen Sie hier:

Imagefragebogen Schule

0. *Alter: ________ Geschlecht: weiblich ❐ männlich ❐*

1. *Kennen Sie die ______________________-Schule?*

❐ *ja, von innen* ❐ *ja, nur von außen* ❐ *vom Hörensagen* ❐ *nein*

2. *Welche Schule in der Nähe kennen Sie noch?*

____

Das Image der Schule

3. *Welchen Eindruck macht die ________________ -Schule auf Sie insgesamt?*

sehr gut	gut	mittelmäßig	ertragbar	schlecht	sehr schlecht

4. *Welchen Eindruck haben Sie von den Schülern?*

sehr gut	gut	mittelmäßig	ertragbar	schlecht	sehr schlecht

5. *Welchen Eindruck haben Sie von den Lehrern?*

sehr gut	gut	mittelmäßig	ertragbar	schlecht	sehr schlecht

6. *Wie sind, nach Ihrem Eindruck, die schulischen Angebote?*

sehr gut	gut	mittelmäßig	ertragbar	schlecht	sehr schlecht

7. *Was für einen Ruf hat, nach Ihrer Meinung, die Schule?*

sehr gut	gut	mittelmäßig	ertragbar	schlecht	sehr schlecht

8. *Auf welche Schule würden Sie heute Ihr Kind schicken und warum?*

____

Danke für das Mitmachen!

≈ *Führungsfeedback*

Führungsfeedback ist eine in der Schule für das Führungsverhalten wichtige **Befragung des Kollegiums.** Diese Befragung muss unbedingt freiwillig, absolut anonym und am besten unter der planerischen Mitverantwortung des Kollegiums geschehen. Werden diese drei Punkte nicht beachtet, ist der Sinn der Durchführung eines Führungsfeedbacks fraglich.

Ziele des Feedbacks sind:

- Angleichung von Selbst- und Fremdbild,
- Stärken und Schwächen der Führungsarbeit zu erkennen,
- Verbesserung der Beziehung zwischen Schulleitung und Kollegium,
- Kommunikation,
- Beteiligung an Führungsarbeit,
- Verantwortung für ein Gelingen des gemeinsamen Schullebens,
- Anknüpfungspunkt für unterschwellige Konflikte,
- Ausgangspunkt für Gespräche und Diskussionen zum Thema Führungsstil.

An dieser Aufzählung ist bereits zu erkennen, dass das Führungsfeedback natürlich sowohl die Schulleitung als auch das Kollegium betrifft. Das Verhältnis zwischen zwei Gruppen oder Personen ist immer von beiden Seiten abhängig. Werden Lehrer zum Führungsverhalten ihres Schulleiters befragt, erwächst daraus zugleich auch die Verantwortung, das eigene Handeln zu überprüfen und ggf. zu verändern. Denn auch das Kollegium ist für das Verhältnis zum Schulleiter mitverantwortlich.

Aus den Ergebnissen, die ein Führungsfeedback mit sich bringt, müssen unbedingt immer für alle deutlich sichtbare **Konsequenzen** gezogen werden. Sonst kann man sich die Arbeit sparen. Auch das Kollegium muss diese Konsequenzen wirklich sichtbar erkennen, um nicht bei der nächsten wichtigen Aufgabe deutlich Widerstand zu leisten.

Durchführung

Es ist ratsam, in einer Lehrerkonferenz oder Dienstbesprechung das Thema Führungsfeedback anzusprechen. Dann kann entweder in einer kleinen Arbeitsgruppe ein Fragebogen entwickelt werden oder aus dem Kollegium kommen Anregungen zu möglichen Inhalten eines **Fragebogens.** Vielleicht werden sich die Kollegen aber auch zurückhalten und die Schulleitung mit dem Verfassen eines Fragebogens betrauen. Schließlich ist es ja die Schulleitung,

die etwas über ihr eigenes Führungshandeln erfahren möchte. In jedem Fall sollte das Kollegium auf einem Fragebogen die Möglichkeit haben, auch noch andere als die in geschlossenen Frageformen behandelten Bereiche in offenen Fragen anzusprechen (etwa: „Was mir noch auf dem Herzen liegt ...").

Ein Fragebogen muss eine Schule immer selbst für sich entwickeln. Die unten aufgeführten Beispiele können lediglich Anregungen geben.

Jeder Fragebogen sollte in **zwei Ausführungen** formuliert werden: einmal für das zu befragende Kollegium und einmal für die Schulleitung selbst. Denn nicht nur das Kollegium soll befragt werden, auch die Schulleitung soll sich ein Bild von ihrem Führungshandeln machen und diese beiden Bilder dann miteinander vergleichen.

Beispiel:

Lehrerbogen	***Schulleiterbogen***
Ich finde bei der Schulleitung für meine persönlichen Probleme oft ein offenes Ohr.	*Wenn Kollegen mit persönlichen Problemen zu mir kommen, habe ich oft ein offenes Ohr für sie.*
Wenn ich einen innovativen Vorschlag mache, werde ich gelobt.	*Ein Kollege, der mir seine innovativen Ideen vorstellt, wird dafür von mir gelobt.*
...	...

Im Fragebogen sollten die **Fragen** zu einzelnen Themenkomplexen möglichst miteinander vermischt stehen. Damit verhindern Sie, dass bestimmte Themenkomplexe undurchdacht beantwortet werden. Genauso wichtig ist es, Fragen nicht immer nur positiv oder nur negativ zu formulieren. So wird die Aufmerksamkeit erhöht. Auch ist es weniger ermüdend, wenn unterschiedliche Frageformen (vgl. S. 129 ff.) gewählt werden.

Wenn ein Fragebogen entwickelt wurde, geht es an die Durchführung der Befragung. Wichtig ist, dass das Kollegium von Ihnen ein **Begleitschreiben** dazu erhält, in dem die wichtigsten Informationen zur Befragung aufgeführt sind:

- Hinweise zur Art und zum Grund der Befragung
- Betonung der absoluten Anonymität
- Erklärungen zum Fragebogen und ggf. ein Glossar mit Erklärungen zu einzelnen Formulierungen und Begriffen

- Hinweise zur Abgabe des ausgefüllten Fragebogens (Ort, Zeit, etwa 10 bis 14 Tage mit Erinnerung)
- Hinweise zum weiteren Vorgehen (Auswertung etc.)

Die Auswertung der Befragung kann durch unterschiedliche Personen erfolgen. Gerade in kleinen Schulen besteht jedoch nicht die Gewähr einer zugesicherten Anonymität, wenn man selbst die Auswertung vornimmt. Innerhalb des Kollegiums muss deshalb genau geklärt werden, wer für eine Auswertung in Frage kommt. Ist der Personalvertreter vielleicht die geeignete Person?

Bedenken des Kollegiums

Befragungen führen im Kollegium immer wieder zu den gleichen Bedenken. Damit man sich darauf einstellen kann, welche Bedenken auf einen zukommen, möchte ich diese hier kurz erwähnen. Einige sind ja auch schon angeklungen:

- Die größten Bedenken werden immer wieder wegen einer manchmal schwer zu gewährleistenden **Anonymität** vorgebracht. Hier ist es besonders wichtig, dass Sie sie sehr ernst nehmen und Lösungsmöglichkeiten entwickeln, um diese Bedenken zu zerstreuen. Haben Lehrer den Verdacht, die Anonymität könnte nicht gewährleistet sein, werden sie sich kaum an der freiwilligen Befragung beteiligen und diese wäre für Sie dann vergebens. Gerade wenn sich Kollegen mit eigenen Vorschlägen äußern und nicht nur Kreuzchen machen sollen, ist in Schulen schnell klar, wer welchen Fragebogen ausgefüllt hat. Hier muss also stark darauf geachtet werden, dass die Äußerungen jedes einzelnen Lehrers anonym bleiben.

- Die **Folgen einer Befragung** sind nicht erkennbar. Es gibt nichts Entscheidenderes für den Erfolg einer Befragung, als dieser dann auch Taten folgen zu lassen. Das Kollegium wird sich kaum bei dem Ausfüllen eines Fragebogens bemühen, wenn es nicht das Gefühl hat, es könnte sich dadurch etwas bessern.

- „Das wissen wir doch sowieso schon alles!" Das stimmt oft sogar, dass das eigentliche Problem oder zumindest der Grundtenor schon vorher klar ist. Aber bisher wurde eben nur zwischen Tür und Angel darüber getratscht, nun hat man die Ergebnisse einmal **schwarz auf weiß** und kann sie konstruktiv angehen.

- Alle kennen das Problem, es gibt aber scheinbar keine **Lösungsmöglichkeiten**. Diese Meinung kann vor allem dann verbreitet sein, wenn als Urheber für ein Problem „die da oben" verantwortlich sind. Hier müssen Sie selbst Verantwortung tragen und klarmachen, dass oft Dinge auch selbst in die Hand genommen werden müssen, um zu einer Verbesserung zu kommen.

Fragebogen

Die hier vorgeschlagenen Formulierungen (Items) gliedern sich zum einen in aufgabenorientierte, zum anderen in mitarbeiterorientierte Bereiche. Sie sind zum Teil positiv, zum Teil negativ formuliert. In einem eigenen Fragebogen ist es sinnvoll, die Fragen miteinander zu mischen.

Die **mitarbeiterorientierten** Fragen überprüfen, ob der Schulleiter Wert darauf legt, zum Kollegium ein gutes Verhältnis zu schaffen. Die **aufgabenorientierten** Fragen hingegen legen mehr Wert auf die Erledigung bestimmter Aufgaben. Für den Schulleiter ist ein ausgewogenes Führungsverhalten, das weder nur mitarbeiterorientiert noch ausschließlich aufgabenorientiert ist, am besten.

Positive, mitarbeiterorientierte Fragen						
Nr.	***Frage***	***stimmt***	***stimmt eher***	***stimmt eher nicht***	***stimmt gar nicht***	***weiß nicht***
1	*Mein Schulleiter lobt mich für gute Arbeit.*					
2	*Habe ich persönliche Probleme, finde ich ein offenes Ohr bei der Schulleitung.*					
3	*Mein Schulleiter unterstützt mich.*					
4	*Ich fühle mich als gleichberechtigter Partner behandelt.*					
5	*Führe ich mit meinem Schulleiter ein Gespräch, so findet dieses meist in einer angenehmen Atmosphäre statt.*					
6	*Meinen Schulleiter erlebe ich als gesprächsbereit.*					
7	*Persönliche Probleme werden von meinem Schulleiter angemessen berücksichtigt.*					
8						
9						

Negative, mitarbeiterorientierte Fragen						
Nr.	*Frage*	*stimmt*	*stimmt eher*	*stimmt eher nicht*	*stimmt gar nicht*	*weiß nicht*
10	*Wenn ich einen Fehler mache, wird dieser mir lange vorgehalten.*					
11	*Mein Schulleiter kritisiert mich auch, wenn Kollegen anwesend sind.*					
12	*Hat mein Schulleiter ein persönliches Problem, gibt er seinen Ärger auch an das Kollegium weiter.*					
13	*Die Hierarchie in der Schule wird durch meinen Schulleiter immer wieder betont.*					
14	*Ich bekomme andere Aufgaben, Klassen oder Fächer, ohne dass mit mir darüber gesprochen wird.*					
15						
16						
17						
18						

Positive, aufgabenorientierte Fragen						
19	*Mein Schulleiter hält mich auf dem Laufenden, damit ich meine Aufgaben gut bewältigen kann.*					
20	*Mein Schulleiter kann mich gut motivieren.*					
21	*Wichtige Entscheidungen, die meine Tätigkeit in der Schule betreffen, werden mit mir abgesprochen.*					
22	*Bekomme ich vom Schulleiter eine Aufgabe übertragen, werden dabei meine besonderen Fähigkeiten berücksichtigt.*					
23	*Mein Schulleiter regt mich dazu an, selbstständig und eigenverantwortlich Aufgaben zu übernehmen.*					
24	*Kritisiere ich meinen Schulleiter, wird diese Kritik akzeptiert und ernst genommen.*					
25						
26						
27						

Negative, aufgabenorientierte Fragen						
Nr.	**Frage**	**stimmt**	**stimmt eher**	**stimmt eher nicht**	**stimmt gar nicht**	**weiß nicht**
28	Änderungsvorschläge von meiner Seite bleiben oft wirkungslos.					
29	Hat mein Schulleiter mir eine Aufgabe übertragen, lässt er mich damit alleine und kümmert sich nicht um deren Fortschritt.					
30	Bekomme ich von meinem Schulleiter eine Aufgabe übertragen, bleibt unklar, wie das genaue Ziel aussieht.					
31	Ich kann meine Arbeitszeit nicht flexibel einteilen, weil ich oft auf Zuarbeiten durch den Schulleiter angewiesen bin.					
32	Oft wird nicht gefragt, sondern ein Auftrag ohne die Möglichkeit zum Widerspruch zugeteilt.					
33	Innovationen haben keine Chance, wenn es auch nur einen kleinsten Zweifel an deren Erfolg gibt.					
34						
35						
36						

Auswertung

Die Auswertung eines Führungsfeedbacks ist von herausragender Bedeutung. Natürlich gehört Mut dazu, sich von den Kollegen beurteilen zu lassen. Noch mehr Mut gehört dann aber dazu, die Ergebnisse zu analysieren, zu interpretieren und dann daraus mögliche Konsequenzen zu ziehen.

Sinnvollerweise werden die Fragebögen durchnummeriert und dann in einer Excel-Tabelle erfasst (s. **Abb. 16,** S. 132). Dabei müssen ggf. negative Items umcodiert werden, um zu erkennen, wo es Defizite und Stärken gibt. Positive („stimmt" und „stimmt eher") sowie negative Werte können jeweils geclustert werden, um ein übersichtliches Bild zu erhalten.

Abb. 16: Auswertung eines Führungsfeedbacks

Fragebogen-Nr.	*Mein Schulleiter lobt mich für gute Arbeit.*	*Habe ich persönliche Probleme, finde ich ein offenes Ohr.*	*Mein Schulleiter unterstützt mich.*	*Ich fühle mich als gleichberechtigter Partner behandelt.*	*Führe ich mit meinem Schulleiter ein Gespräch, so findet dieses meist in einer angenehmen Atmosphäre statt.*	*Meinen Schulleiter erlebe ich als gesprächsbereit.*	*Persönliche Probleme werden von meinem Schulleiter angemessen berücksichtigt.*
1	*3*	*4*	*2*	*0*	*4*	*2*	*3*
2	*4*	*4*	*2*	*3*	*1*	*2*	*4*
3	*1*	*2*	*2*	*1*	*1*	*2*	*1*
...							

4 = stimmt
3 = stimmt eher
2 = stimmt eher nicht
1 = stimmt nicht
0 = weiß nicht

Schulleiter sollten sich in einem ersten Schritt alleine überlegen, welche **kritischen Punkte** sich aus den Ergebnissen einer Umfrage ergeben. Anschließend besprechen sie die Ergebnisse innerhalb der Schulleitung, darüber hinaus präsentieren sie wichtige Erkenntnisse ihrem Lehrerkollegium. Die rein statistische Zahlenauswertung können sie vielleicht sogar im Lehrerzimmer auslegen. In der Analyse der Daten stellen sie ihrem Kollegium natürlich die für sie guten Ergebnisse der Befragung und dann auch die kritischen Punkte vor (s. **Abb. 17,** S. 133). In einem offenen Kollegium können sie gemeinsam darüber diskutieren, wo es Verhaltensänderungen geben müsste. Das Kollegium und die Schulleitung sollten erkennen, dass für die Ausgestaltung des gegenseitigen Verhältnisses Schulleitung und Kollegium gemeinsam verantwortlich sind.

Abb. 17: Ergebnisse einer Befragung

Positive Ergebnisse	
1	
2	
3	
4	
Negative Ergebnisse	***Änderungsvorschläge***
1	
2	
3	
4	

≋ *Der Arbeitsplatz „Schule"*

Oft genug gibt es für Lehrer Grund, zu klagen. Manchmal geschieht dies zu Unrecht, oft aber auch mit voller Berechtigung. Gerade wenn das Thema Evaluation in der Schule behandelt wird, ist der Vorwurf zu hören: „Alles wird evaluiert, nur unsere Arbeitsbedingungen als Lehrer nicht!" Das stimmt zwar so nicht ganz, weil (gerade in der Bestandsaufnahme) in vielen Evaluationen die Fragen nach der Zufriedenheit mit dem Beruf und dem Klima im Kollegium gestellt, aber die persönlichen Arbeitsbedingungen oft genug nur am Rande behandelt werden.

Deswegen sollten sich Schulen und Lehrer, die sich intensiv mit dem Thema Evaluation beschäftigen, auch die Frage stellen, in welcher Form der Beruf des Lehrers an der Schule evaluiert werden kann.

Folgende Bereiche könnten in einer **Lehrer-Befragung** eine wichtige Rolle spielen:

- **Arbeitsplatz in der Schule**
  - Schreibtisch
  - Arbeitsatmosphäre im Lehrerzimmer
  - Arbeitsatmosphäre in Klassenzimmern
  - Arbeitsmöglichkeiten in der Schule in „stillen Räumen" (Korrekturen)
  - Raum für Gespräche mit Eltern, Schülern, Kollegen

- **Material**
  - Lager für eigene Unterrichtsmaterialien
  - Kopiermöglichkeiten
  - Schreibwaren
  - sonstige Unterrichtsmaterialien (Folien, Plakate usw.)
- **Arbeitszeit**
  - Stundenverteilung
  - Vor- und Nachbereitungszeit
  - Korrekturzeit, Klassengröße
  - Kopierzeit
  - Zeit für individuelle Gespräche
  - Beschaffung von Literatur, Materialien (Bibliotheken usw.)
- **Finanzen**
  - Gehalt
  - Ausgaben aus der privaten Tasche für die Schule
  - Steuerliche Absetzbarkeit

Eine Lehrerbefragung muss immer an die **individuellen Bedingungen**, die an der Schule herrschen, angepasst werden. Hier ist viel Denkarbeit erforderlich. Dabei darf nicht vergessen werden, und das ist hier besonders wichtig, dass lediglich Bereiche evaluiert werden, die auch tatsächlich veränderbar sind. Sonst heißt es hinterher: „Jetzt wurden wir zwar befragt und haben unsere Meinung gesagt – geändert hat sich trotzdem nichts!"

3.3 Schulinspektion

≋ *Worum geht es bei der Schulinspektion?*

In den meisten Bundesländern gibt es inzwischen eine Schulinspektion (in Brandenburg heißt es „Visitation"). Obwohl, dank der Bildungshoheit der Länder, jeder eigentlich machen kann, was er will, haben sich bestimmte Strukturen herausgebildet, in denen sich die Schulinspektionen der Länder ähneln. Neben der internen Evaluation, die von Schulen selbst verantwortet und durchgeführt wird, übernimmt die Schulinspektion die **externe Evaluation.** Aber worum geht es bei der Schulinspektion eigentlich genau?

- Zunächst einmal geht es um die **Schule als Ganzes** und nicht um einen einzelnen Lehrer, der beurteilt werden soll. Niemand muss also Angst haben, dass aus dem Besuch der Schulinspektion plötzlich eine dienstliche Beurteilung wird. Vielmehr geht es darum, eine Aussage z. B. darüber treffen zu können, welcher Unterrichtsstil und welcher Umgang mit den Schülern an einer Schule vorherrscht.

- Die Gesamtaussagen, die über die Schule getroffen werden, messen sich, je nach Bundesland, an einem „Referenzrahmen", „Orientierungsrahmen Schulqualität", „Qualitätstableau" oder „Qualitätsrahmen", in dem in verschiedenen Bereichen genau festgelegt ist, was eine **gute Schule** genau ist.
- Die unabhängige Außensicht soll dazu führen, ein **relativ unabhängiges Urteil über die Schule** zu fällen. Deshalb ist in vielen Bundesländern die Schulinspektion auch losgelöst von der eigentlichen Schulaufsicht (siehe z. B. Hessen).
- Die Schulinspektion soll mit dem von ihr nach der Inspektion verfassten Bericht der Schule ihre Stärken und Schwächen (**Entwicklungsbedarf**) aufzeigen. Damit kann sie der Schule konkrete Tipps zur weiteren Qualitätsentwicklung geben.
- Bildungsministerien, die Schulaufsicht und teilweise auch die Schulträger erhalten durch die Berichte der Schulinspektion **Steuerungswissen**, das sie zur Schulentwicklungsplanung verwenden können.

- Ein **Schulranking** wird es in absehbarer Zeit *nicht* geben. Das hat verschiedene Gründe:
  - Der Inspektionsbericht endet nicht mit einer Zensur, die die gesamten Leistungen der Schule widerspiegelt. Vielmehr werden Aussagen darüber getroffen, wie die Schule in unterschiedlichen Bereichen abschneidet.
  - Inspektionen sind im Abstand von vier bis fünf Jahren geplant. Wie soll eine Schule mit einer anderen verglichen werden, wenn die jeweiligen Inspektionen vier Jahre auseinanderliegen?
  - Die Ergebnisse der Schule berücksichtigen das soziale Umfeld der Schule. Wie sollen zwei Schulen aus völlig verschiedenen sozialen Regionen miteinander verglichen werden?

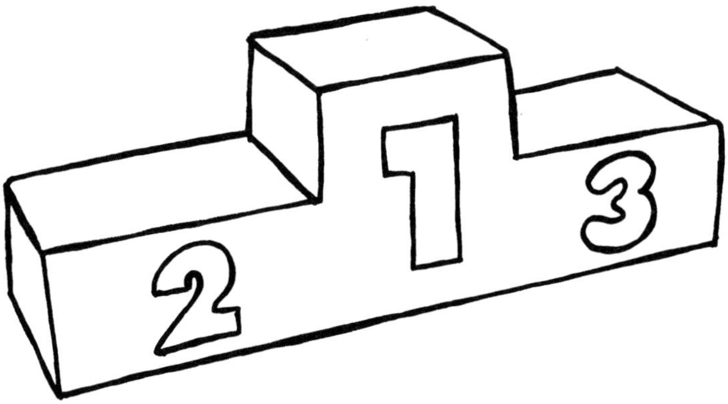

In einigen Bundesländern wird bei regulären **45-Minuten-Stunden** jeweils nur eine Stundenhälfte beobachtet, entweder die ersten oder die letzten zwanzig Minuten. Dann steht für den Inspektor das Urteil über die gesehene Sequenz fest. Immer wieder wird kritisiert, dass diese zwanzig Minuten für ein Urteil nicht ausreichen. Tatsächlich darf man aber nicht vergessen, dass es nicht darum geht, jedem einzelnen Lehrer über seinen Unterricht eine Rückmeldung zu geben, sondern lediglich darum, einen Gesamtüberblick zur unterrichtlichen Situation an einer Schule zu erhalten. Und dafür reichen zwanzig Minuten aus.

Im Folgenden stelle ich beispielhaft die **Schulinspektion in den Bundesländern Nordrhein-Westfalen, Hessen und Brandenburg** dar. Auch wenn Sie nicht aus einem der drei Bundesländer kommen, lohnt sich trotzdem ein Nachlesen. Denn es gibt, auch wenn sich die Schulinspektion in Ihrem Bundesland von den hier dargestellten Beispielen im Detail unterscheidet, viele Parallelen.

Beispiel: Nordrhein-Westfalen

In Nordrhein-Westfalen hat mit Beginn des Schuljahres 2006/2007 die landesweite und flächendeckende **Qualitätsanalyse an Schulen** begonnen. Sie dient, nach Aussage der Schulministerin Barbara Sommer, vor allem der Selbstvergewisserung der Schulen. Sie lernen ihre Stärken und Schwächen kennen. Stärken können noch wirksamer genutzt werden, Schwächen können langfristig angegangen werden. Bis 2010 sollen alle Schulen in Nordrhein-Westfalen durch ausgebildete Qualitätsprüfer besucht und bewertet werden. Anschließend erfolgen Bewertungen in regelmäßigen Abständen. **Die Rahmenbedingungen der Inspektion in Nordrhein-Westfalen sehen so aus:**

- In Nordrhein-Westfalen beinhaltet dieses so genannte „Qualitätstableau" folgende Bereiche:
  - Lehren und Lernen – Unterricht
  - Schulkultur
  - Führung und Schulmanagement
  - Personalentwicklung
  - Qualitätsentwicklung
  - Ergebnisse der Schule
- Die die Schule besuchenden Qualitätsteams bestehen in der Regel aus zwei Personen.
- Der Schulbesuch wird drei Monate im Voraus angekündigt.
- Acht Wochen vor dem Besuch wird in einer Konferenz über den zeitlichen und inhaltlichen Ablauf der Qualitätsanalyse informiert.
- Der Schulbesuch kann bis zu vier Tage dauern.
- 50 Prozent des Kollegiums werden in dieser Zeit ohne weitere Ankündigung im Unterricht besucht.

- 150 Qualitätskriterien werden untersucht.
- Der Unterricht steht bei der Qualitätsanalyse im Vordergrund, weitere Kriterien sind u.a.:
    - Maßnahmen zur Gewaltprävention
    - Konzepte zur Vermeidung von Unterrichtsausfall
    - Sauberkeit der Gebäude
    - Gesundheitsvorsorge
- Neben der Unterrichtsbeobachtung finden ausführliche Gespräche mit der Schulleitung, Eltern, dem gesamten Lehrerkollegium sowie den Schülern statt.

Ähnlich wie in anderen Bundesländern wird nach dem Besuch ein **Bericht** verfasst. Diesen erhält die Schulaufsicht und die Schule zur Auswertung in ihren Gremien. Die sich aus der Auswertung ergebenen Maßnahmen dienen zu **Zielvereinbarungen mit der Schulaufsicht.**

Beispiel: Hessen

In der Pilotphase der Schulinspektion in Hessen wurden 25 freiwillige und 25 zufällig ausgewählte Schulen untersucht. Der **Referenzrahmen „Schulqualität"** umfasst folgende Bereiche:

- Entwicklungsziele und Strategien
- Führung und Management
- Professionalität
- Schulkultur
- Lehren und Lernen

Jedem Qualitätsbereich sind entsprechende Merkmale und Indikatoren zugeordnet.

Die **wesentlichen Instrumente der Schulinspektion in Hessen** sind die Dokumentenanalyse, die schriftliche Befragung mit Hilfe von Fragebögen, das Interview und die Beobachtung. Alle Schulen sollen alle drei bis fünf Jahre besucht werden.

Die **Inspektionsteams**, die durch das Institut für Qualitätsentwicklung (IQ) zusammengestellt werden, bestehen aus drei bis fünf Mitgliedern, nämlich aus:

- einem Mitarbeiter des hessischen „Instituts für Qualitätsentwicklung“,
- einem Mitglied der Schulaufsicht,
- einem Schulleiter und
- einem Vertreter der Hochschulen, der Wirtschaft oder der Elternschaft.

Der **Ablauf der Schulinspektion in Hessen** umfasst folgende Schritte:

- Das IQ wählt die zu inspizierenden Schulen aus und setzt sich mit ihnen zu **Terminabsprachen** in Verbindung.
- Auf einer **Konferenz** stellen sich die Mitglieder des Inspektionsteams vor, erläutern den Ablauf der Inspektion und stellen die zum Einsatz kommenden Verfahren und Instrumente dar.
- Anschließend liefert die Schule dem Team zur Vorbereitung der Inspektion **Daten für die Dokumentenanalyse**. Diese beinhalten zum Beispiel:
    - Anzahl der Lehrer und Schüler
    - Migrationsstatus
    - Ausstattung mit Fachräumen
    - Ausstattung mit Lern- und Lehrmaterialien
    - Unterrichtsausfall
    - Sitzenbleiber-, Schulwechsler- und Absolventenquote
    - Leistungsergebnisse
- **Schulprogramm**, **Konferenzbeschlüsse** und **Evaluationsergebnisse** werden ebenso analysiert.
- Schulleitung, Kollegium, Schüler und Eltern werden im Vorlauf mit Hilfe von **Fragebögen** befragt.
- Beim Schulbesuch wird dem Inspektionsteam die **Schule vorgestellt**, es finden ein Rundgang sowie Unterrichtshospitationen mit Beobachtungs-

bögen statt, Interviews mit Schulleitung, Lehrkräften, Personalrat, Fachvorsitzenden, Schülern, Eltern und nichtpädagogischem Personal werden durchgeführt.

- Nach dem Schulbesuch wird ein **Bericht** verfasst, dessen Entwurf der Schule auf einer Konferenz vorgestellt wird. Schule und Schulaufsicht können dazu Stellung nehmen. Anschließend wird, unter angemessener Berücksichtigung etwaiger Einwände, ein Abschlussbericht verfasst.
- Schule und Schulaufsicht schließen auf Grundlage des Berichts konkrete **Zielvereinbarungen**. Diese sind in das Schulprogramm aufzunehmen. Bei großem Entwicklungsbedarf können Schulen in kurzen Abständen wieder besucht werden.

Beispiel: Brandenburg

Das Land Brandenburg setzt zur Visitation der Schulen Teams, bestehend aus zwei Personen, ein, von denen einer mit der jeweiligen Schulform vertraut sein muss. Es handelt sich bei ihnen um speziell ausgebildete abgeordnete Lehrkräfte, Schulleiter und Mitglieder der Schulaufsicht. Sie sind teilweise hauptberuflich und teilweise nebenberuflich in der Visitation tätig, was zum einen eine hohe Professionalität und zum anderen den Kontakt zur Praxis gewährleistet.

In Brandenburg sind die Kernbereiche der Visitation:

- Sichtung der Daten und Dokumente der Schule
- Online-Befragung der Lehrkräfte im Vorlauf der Inspektion
- Unterrichtsbeobachtung
- Interviews mit der Schulleitung, Lehrkräften, Eltern und Schülern anhand von standardisierten Interviewleitfäden

Der zeitliche Ablauf der Visitation sieht folgendermaßen aus:

3–4 Monate vor der Visitation	*Information der Schule über die kommende Visitation*
6–8 Wochen vor der Visitation	*Vorbereitungsgespräch zwischen Visitationsteam und Schule, in dem der genaue Ablauf der Visitation abgestimmt wird*
4 Wochen vor der Visitation	*Schule schickt ihre Daten an die Geschäftsstelle Schulvisitation*
Schulvisitation	*Unterrichtsbeobachtungen, Interviews, Einsicht in die Schuldokumente; am Ende des zweiten Tages: erste mündliche Rückmeldung für alle interessierten Beteiligten der Schule*
4 Wochen nach der Visitation	*Schule erhält Entwurf zum Visitationsbericht und soll dazu Stellung nehmen*
6 Wochen nach der Visitation	*Endbericht (inklusive Stellungnahme der Schule) geht an Schule, Schulträger und Schulaufsicht*

Bei der Beobachtung des Unterrichts wird ein **standardisierter Unterrichtsbeobachtungsbogen** (s. u.) verwendet. Dieser wird statistisch ausgewertet. So entsteht ein Unterrichtsprofil, das eine allgemeine Aussage zum Unterricht an einer Schule ermöglicht.
Der brandenburgische Unterrichtsbeobachtungsbogen ist in drei Teile gegliedert. Im ersten Teil **„Statistische Angaben"** trägt der Beobachter neben allgemeinen Angaben, wie Schulname und Schulform, auch das gesehene Unterrichtsfach, die Anzahl der Schüler und den Namen der Lerngruppe ein.
Unter **„Allgemeine Beobachtungen"** wird erfasst, um welche Art von Unterrichtsraum es sich handelt (z. B. Klassenraum, Fachraum, Sporthalle usw.) und welche Sozialformen vorwiegend beobachtet werden (z. B. klassischer Frontalunterricht, strukturierte Zusammenarbeit, Einzelarbeit usw.). Außerdem werden die verwendeten Medien (z. B. Tafel, Computer, OHP, akustische Medien, Beamer usw.) erfasst.
Der Hauptteil des Unterrichtsbeobachtungsbogens in Brandenburg ist jedoch der **konkreten Unterrichtsbeobachtung** gewidmet. Dabei hat der Beobachter die Möglichkeit, zwischen „positiver Beitrag" (+), „geringer Beitrag" (o), „negativer Beitrag" (–) und „kein Urteil möglich" (#) zu wählen. **Im Einzelnen werden folgende Kriterien beobachtet:**

- **Zweckmäßige Organisation des Unterrichts**
  - Intensive Nutzung der Lehr- und Lernzeit
  - Umgang mit Störungen, Normen, Regeln
  - Klasseneinrichtung und Lernumgebung geeignet
- **Aktives und selbstständiges Lernen**
  - Anregungen zu aktiver Teilnahme
  - Anregung zur Zusammenarbeit und ggf. Unterstützung
  - Schüler planen und verwirklichen selbstständig den Lernprozess (o. Teile)
  - Schüler legen eigene Lösungen dar und reflektieren darüber
- **Unterrichtliches Vorgehen**
  - Deutlich strukturierter Unterricht
  - Deutliches Erklärverhalten
  - Regelmäßige Überprüfung des Verstehens
  - Niveauunterschiede berücksichtigt
  - Wechselnde Arbeitsformen
  - Der Lebenswelt der Schüler entsprechend
- **Pädagogisches Verhalten**
  - Entspannte und anregende Lernatmosphäre
  - Förderung positiven Umgangs miteinander
  - Fairer, respektvoller Umgang mit Schülern
  - Positive Erwartungen an die Schüler
  - Realistische Erwartungen an Einsatz und Leistung

Bei der Unterrichtsbeobachtung geht es nicht darum, einzelnen Lehrern eine dienstliche Beurteilung auszustellen. Die beobachteten Lehrer erhalten auch keine Rückmeldung zu ihrem Unterricht, es werden lediglich alle Beobachtungen an einer Schule zu einem **Gesamtbild des Unterrichts an dieser einen Schule zusammengefasst.**

Starten Sie mit der Evaluation noch heute!

Warten Sie nicht auf bessere Zeiten oder günstigere Gelegenheiten. Warten Sie nicht darauf, dass „die da oben" endlich in die Gänge kommen. Evaluation dient immer der **Qualitätsverbesserung von Unterricht und Schule**. Und, Hand aufs Herz: Etwas verbessern kann man doch immer! Sieben Fragen sollen am Ende dieses Buches stehen. Nehmen Sie sich etwas Zeit und fassen Sie anhand dieser sieben Fragen die ersten konkreten Beschlüsse. Und nicht vergessen: Heute geht es los!

1. Welche **Schritte** können Sie sich in Ihrer Schule im kommenden halben Jahr konkret in Bezug auf Evaluation vorstellen?
   a. ...
   b. ...
   c. ...
   d. ...
2. Wo sehen Sie dabei **Schwierigkeiten**? Könnten Hindernisse auftreten, die Sie von der Umsetzung Ihrer Ziele abhalten?
   a. ...
   b. ...
   c. ...
   d. ...
3. Welche Ihrer Lerngruppen würden aus Ihrer Sicht für ein erstes Evaluationsprojekt in Frage kommen?
4. Welchen bestimmten Evaluationsgegenstand möchten Sie für diese Lerngruppe wählen (Unterrichtsqualität, Klassenklima, ...)?
5. Welche Kollegen könnten mit Ihnen gemeinsam bzw. parallel arbeiten, Sie in Ihrem Vorhaben unterstützen oder sich als „Versuchskaninchen" für Ihr Vorhaben zur Verfügung stellen?
6. Wie können Sie Kollegen dazu motivieren, bei der Evaluation mitzumachen?
7. Und zuletzt: Warum möchten Sie evaluieren?
   Was sind Ihre ganz persönlichen Gründe?

Verzeichnis der Evaluationsinstrumente

Verzeichnis der Checklisten und Abbildungen

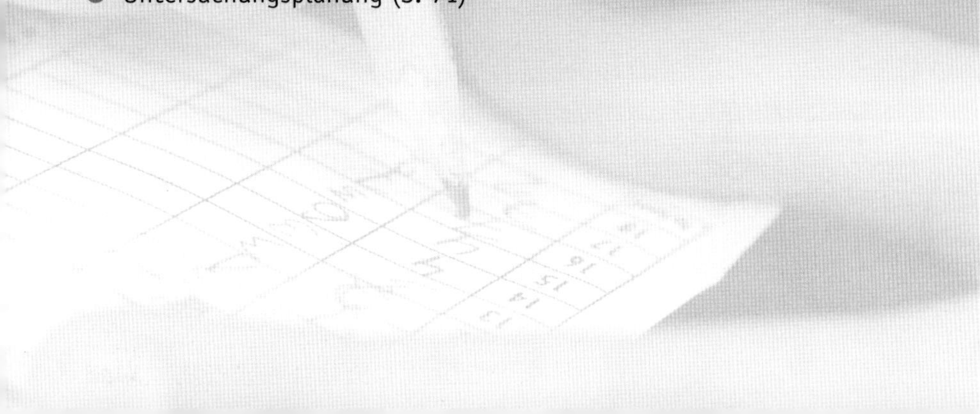

Abb. 11: 10 x 10-Bogen

Klasse, Fach:		*Lehrer:*	*Beobachter:*	*Bemerkungen:*				
		Datum, Stunde:	*Stundenthema:*					
	Meine Schwerpunkte	*Darauf ist besonders zu achten:*		*trifft zu*	*trifft eher zu*	*trifft eher nicht zu*	*trifft nicht zu*	*nicht beobachtbar*
1.		***Klare Strukturiertheit des Unterrichts***		++	+	–	––	#
1.1		*Über das Ziel des Unterrichts wird informiert.*						
1.2		*Es werden Hinweise zum Unterrichtsverlauf gegeben.*						
1.3		*Ankündigungen werden konsequent umgesetzt.*						
1.4		*Aufgabenstellungen sind verständlich und präzise formuliert.*						
1.5		*Aufgabenstellungen sind stimmig.*						
1.6		*Einzelne Abschnitte des Unterrichts sind klar voneinander abgetrennt.*						
1.7		*Die Sprache der Lehrkraft ist deutlich und verständlich.*						
1.8		*Auf das Einhalten von Regeln wird geachtet.*						
1.9		*Rituale sind in den Unterricht integriert.*						
1.10		*Das Erreichen der Unterrichtsziele wird am Ende reflektiert.*						
2.		***Hoher Anteil echter Lernzeit***		++	+	–	––	#
2.1		*Der Anteil der sachfremden Unterrichtszeit ist gering.*						
2.2		*Es herrscht für einzelne Schüler wenig Leerlauf.*						
2.3		*Der Lehrer zeigt durch sein Handeln, dass Unterrichtszeit wertvoll ist.*						
2.4		*Lehrkraft und Schüler sind gut vorbereitet.*						

2.5		*Viele Schüler beteiligen sich aktiv am Unterricht.*					
2.6		*Konzentrations- und Entspannungsphasen wechseln sich ab.*					
2.7		*Es kommt seitens des Lehrers nicht zum Abschweifen vom Thema.*					
2.8		*Die Schüler lassen sich kaum ablenken.*					
2.9		*Es kommt weder durch Schüler noch durch die Lehrkraft zu Störungen.*					
2.10		*Unterrichts- und Pausenzeiten werden beachtet.*					
3.		***Lernförderliches Klima***	**++**	**+**	**–**	**––**	**#**
3.1		*Die Lehrkraft geht respektvoll mit den Schülern um und demütigt sie nicht.*					
3.2		*Die Schüler gehen miteinander respektvoll um.*					
3.3		*Lernschwächere Schüler werden nicht bloßgestellt.*					
3.4		*Die Schüler verhalten sich gegeneinander nicht aggressiv.*					
3.5		*Einzelne Schüler werden nicht bevorzugt.*					
3.6		*Es herrscht ein offener und freundlicher Umgang.*					
3.7		*Regeln werden eingehalten.*					
3.8		*Die Schüler ermahnen sich gegenseitig zur Einhaltung der Regeln.*					
3.9		*Unter den Schülern gibt es klare Aufgabenverteilungen.*					
3.10		*Die Gleichberechtigung der Geschlechter ist Bestandteil des Unterrichts.*					
4.		***Inhaltliche Klarheit***	**++**	**+**	**–**	**––**	**#**
4.1		*Am Beginn des Unterrichts informiert die Lehrkraft über das Stundenthema.*					
4.2		*Die ursprüngliche Themenstellung steht im Mittelpunkt.*					
4.3		*Vorerfahrungen der Schüler werden genutzt und weiterentwickelt.*					
4.4		*Die passenden Medien werden eingesetzt.*					
4.5		*Tafelbild, Folien u.Ä. sind verständlich und angemessen.*					

4.6		*Das Thema wird anschaulich behandelt (Modelle, Beispiele).*					
4.7		*Die Schüler halten Inhalte und Ziele schriftlich fest.*					
4.8		*Die Schülermitschriften sind nachvollziehbar.*					
4.9		*Fehler der Schüler werden im Unterrichtsverlauf genutzt.*					
4.10		*Es findet sinnvolle Übung und Wiederholung statt.*					
5.		***Sinn stiftendes Kommunizieren***	++	+	–	––	#
5.1		*Eigene Erfahrungen der Schüler werden in den Unterricht eingebracht.*					
5.2		*Das Unterrichtsthema hat für die Schüler eine persönliche Bedeutung.*					
5.3		*Die Schüler zeigen durch hohe Beteiligung am Unterricht großen Lerneifer.*					
5.4		*Die Beschäftigung mit dem Thema wird als positiv eingeschätzt.*					
5.5		*Bereits früher Erlerntes bringen die Schüler selbstständig in das Unterrichtsgeschehen ein.*					
5.6		*Lernschwierigkeiten teilen die Schüler der Lehrkraft mit.*					
5.7		*Die Kompetenzen der Lehrkraft werden von den Schülern akzeptiert und geschätzt.*					
5.8		*Die Lehrkraft fördert die Kommunikation und schafft Sprechanlässe.*					
5.9		*Die Schüler entwickeln weiterführende Fragen.*					
5.10		*Die Schüler beurteilen ihren eigenen Lernerfolg selbstständig.*					
6.		***Methodenvielfalt***	++	+	–	––	#
6.1		*Im Unterricht kommen unterschiedliche Methoden zum Einsatz.*					
6.2		*Methoden werden dem Thema angemessen eingesetzt.*					
6.3		*Verschiedene Sozialformen werden eingesetzt (Einzelarbeit, Partnerarbeit, Gruppenarbeit, Plenum).*					
6.4		*Die Wahl der Sozialform ist angemessen.*					
6.5		*Die Schüler können, je nach Fähigkeit, zwischen unterschiedlichen Methoden wählen.*					

6.6		*Wissensaneignung und fachliches Lernen werden gefördert.*					
6.7		*Die Schüler lernen, verschiedene Methoden beim Lernen anzuwenden.*					
6.8		*Die Schüler erwerben im Unterricht Sozialkompetenz, z.B. durch kooperatives Arbeiten.*					
6.9		*Verschiedene Methoden gestalten den Unterricht abwechslungsreich.*					
6.10		*Die Methoden ermöglichen den Schülern ein intensives und konzentriertes Arbeiten.*					
7.		***Individuelles Fördern***	++	+	–	––	#
7.1		*Schüler bekommen unterschiedliche Aufgaben gestellt.*					
7.2		*Lernschwächere Schüler erhalten zusätzliche Hilfen und Materialien.*					
7.3		*Es werden leistungsdifferenzierte Aufgaben gestellt.*					
7.4		*Schüler können Aufgaben in unterschiedlichen Zeitfenstern erledigen.*					
7.5		*Schülern und Lehrer ist das individuelle Lernpotenzial bekannt.*					
7.6		*Die Schüler helfen einander.*					
7.7		*Leistungsstarke Schüler bekommen zusätzliche Angebote.*					
7.8		*Die Lehrkraft registriert Lernfortschritte und Lernprobleme.*					
7.9		*Die Schüler erhalten zu ihrer Arbeit individuelle Rückmeldungen.*					
7.10		*Zahlreiche unterschiedliche Arbeitsmaterialien stehen den Schülern zur Verfügung.*					
8.		***Intelligentes Üben***	++	+	–	––	#
8.1		*In den Unterricht sind mehrere, kurze Übungsphasen integriert.*					
8.2		*Übungsaufgaben sind methodisch differenziert.*					
8.3		*Die Schüler haben die Möglichkeit, Ergebnisse selbst zu kontrollieren.*					
8.4		*Arbeitsaufträge und Übungen sind personendifferenziert.*					

8.5		*Übungen stehen in einem sinnvollen Zusammenhang zum Stundenthema.*					
8.6		*Ergebnisse der Hausaufgaben werden verglichen.*					
8.7		*Hausaufgaben werden kontrolliert.*					
8.8		*In den Übungsphasen herrscht eine konzentrierte Arbeitsatmosphäre.*					
8.9		*Es gibt in den Übungsphasen wenige Unterrichtsstörungen.*					
8.10		*Die Leistungen der Schüler in den Übungsphasen werden von dem Lehrer gewürdigt.*					
9.		***Transparente Leistungserwartung***	++	+	–	––	#
9.1		*Der Lehrer hat selbst klare Vorstellungen von seinen Leistungserwartungen.*					
9.2		*Der Lehrer vermittelt den Schülern seine Leistungserwartungen.*					
9.3		*Die Schüler erhalten regelmäßig und zeitnah individuelle Rückmeldungen zu ihren Leistungen.*					
9.4		*Der Lehrer stellt die Rückmeldung zu den Leistungen in klaren Worten dar.*					
9.5		*Die individuelle Rückmeldung zu den erbrachten Leistungen enthält Hinweise für die Weiterarbeit.*					
9.6		*Der Lehrer setzt zur Leistungskontrolle verschiedene Methoden ein.*					
9.7		*Schriftliche Leistungskontrollen werden mit angemessenem Vorlauf angekündigt.*					
9.8		*Der Lehrer fördert die Leistungsbereitschaft der Schüler.*					
9.9		*Die Leistungsanforderungen sind herausfordernd und erfüllbar.*					
9.10		*Schüler geben der Lehrkraft zu ihrer Leistungserwartung Rückmeldungen.*					
10.		***Vorbereitete Umgebung***	++	+	–	––	#
10.1		*Die Klasse macht einen strukturierten und aufgeräumten Eindruck.*					
10.2		*Die Arbeitsumgebung ist freundlich und anregend gestaltet.*					
10.3		*Die Arbeitsumgebung ermöglicht ein konzentriertes Arbeiten in verschiedenen Lernformen.*					

10.4		*Die Schüler achten auf ihren Raum und pflegen ihn selbst.*					
10.5		*Mit Arbeitsmaterialien wird sorgsam umgegangen.*					
10.6		*Die Schüler räumen ohne Aufforderung und selbstständig auf.*					
10.7		*Regale und Schränke ermöglichen einen leichten Zugriff auf die Arbeitsmaterialien.*					
10.8		*Es besteht die Möglichkeit, Arbeitsergebnisse ansprechend zu präsentieren (Pinnwände etc.).*					
10.9		*Ein Tageslichtschreiber steht zur Verfügung.*					
10.10		*Das Raumklima (Temperatur, Luftgüte) schränkt das Arbeiten nicht ein.*					

10x10-Bogen, Gesamturteil:

		10x10-Bogen	++	+	–	––	#
1.		*Klare Strukturiertheit des Unterrichts*					
2.		*Hoher Anteil echter Lernzeit*					
3.		*Lernförderliches Klima*					
4.		*Inhaltliche Klarheit*					
5.		*Sinn stiftendes Kommunizieren*					
6.		*Methodenvielfalt*					
7.		*Individuelles Fördern*					
8.		*Intelligentes Üben*					
9.		*Transparente Leistungserwartung*					
10.		*Vorbereitete Umgebung*					

Abb. 15: L,S,E-Fragebogen

Fragebogen für Lehrerinnen und Lehrer		*1*	*2*	*3*	*4*	*5*
Werten Sie bitte die folgenden Aussagen mit einem Kreuz in den Spalten 1–4!		*trifft voll zu*	*trifft zu*	*trifft eher nicht zu*	*trifft nicht zu*	*weiß ich nicht*
Ziele und Anforderungen des Unterrichts						
1	*Die Leistungsanforderungen an unserer Schule sind insgesamt zu hoch.*					
2	*Schüler mit Lernschwächen werden an unserer Schule besonders gefördert.*					
3	*An unserer Schule werden leistungsstarke Schüler besonders gefördert.*					
4	*Die Leistungsanforderungen an unserer Schule sind insgesamt zu niedrig.*					
5	*Das Kollegium gibt sich insgesamt große Mühe, die Kinder zu fördern.*					
6	*Wir bereiten unsere Schüler auf die Zeit nach der Schule gut vor.*					
7	*Grundtechniken (Lesen, Schreiben, Rechnen) müssten stärker betont werden.*					
Inhalte, Methoden und Leistungsstandards						
8	*Die Inhalte verschiedener Fächer sind aufeinander bezogen.*					
9	*Es gibt Absprachen über die Inhalte des Unterrichts in den Jahrgangsstufen.*					
10	*In der Regel gebe ich in jeder Stunde Hausaufgaben auf.*					
11	*Für jede Jahrgangsstufe sind eindeutige Leistungsstandards vereinbart.*					
12	*Das Erreichen von Leistungsstandards wird gemeinsam ausgewertet.*					
13	*Die Leistungskriterien sind für alle Lehrer transparent.*					
14	*Die Leistungskriterien sind für alle Schüler transparent.*					
15	*Die Kriterien für die mündliche Mitarbeit sind bei allen Kollegen unstrittig.*					

16	*Die Leistungen der Schüler werden weitgehend gerecht beurteilt.*					
	Das Miteinander von Lehrern, Schülern und Eltern					
17	*An unserer Schule achten wir auf das Einhalten von Regeln des Miteinanders.*					
18	*Mit den Schülern sind Regeln des Miteinanders vereinbart worden.*					
19	*Die Lehrer achten in der Regel zu wenig auf das Einhalten von Regeln.*					
20	*Mein Unterricht wird durch Disziplinprobleme erheblich beeinträchtigt.*					
21	*Gewalttätige Auseinandersetzungen zwischen Schülern kommen häufig vor.*					
22	*Eltern unterstützen die pädagogische Arbeit der Schule nur wenig.*					
23	*Regeln an der Schule sind mit den Eltern besprochen worden.*					
	Berufszufriedenheit und kollegiale Zusammenarbeit					
24	*Unsere Schule ist für mich ein angenehmer Arbeitsplatz.*					
25	*Ich fühle mich sehr wohl im Kollegium.*					
26	*Probleme werden vom Kollegium gemeinsam diskutiert und bearbeitet.*					
27	*Ich würde gerne die Schule wechseln, weil ich mich weiterentwickeln möchte.*					
28	*Mit meinem Beruf als Lehrer bin ich unzufrieden, ich würde gerne etwas anderes tun.*					
29	*Im Kollegium herrscht ein gutes Arbeitsklima.*					
30	*Es gibt Mobbing unter Kolleginnen und Kollegen.*					
	Schul-, Klassen- und Fachräume					
31	*Ich fühle mich in unseren Klassenräumen wohl.*					
32	*Für unsere Schüler ist die Schule ein angenehmer Lernort.*					
33	*Die Klassenräume tragen zu einer produktiven Lernatmosphäre bei.*					
34	*Die Fachräume tragen zu einer produktiven Lernatmosphäre bei.*					

	Die Leitung der Schule					
35	*An unserer Schule sind die Verantwortlichkeiten klar geregelt.*					
36	*Unsere Schulleitung verursacht Überlastung.*					
37	*Kompetenz zeichnet die Schulleitung aus.*					
38	*Unsere Schulleitung gibt Rückendeckung.*					
39	*Der Informationsfluss von Kollegium zu Schulleitung ist gut.*					
40	*Der Informationsfluss von Schulleitung zu Kollegium ist gut.*					
41	*Um auf meine Fragen einzugehen, nimmt sich die Schulleitung Zeit.*					
42	*Zwischen Schulleitung und Kollegium ist die Zusammenarbeit gut.*					
43	*Die Schulleitung unterstützt und fördert die Elternarbeit.*					
44	*Die Schulleitung tut genug, um den Unterrichtsausfall niedrig zu halten.*					
	Weiteres					
45	*Mit anderen Schulen arbeiten wir gut zusammen.*					
46	*Die Zielsetzungen unserer Schule sind mir weitgehend klar.*					
47	*Unsere Schule bemüht sich zu wenig um Erneuerung und Entwicklung.*					
		sehr zufrieden	*zufrieden*	*eher nicht zufrieden*	*gar nicht zufrieden*	*weiß ich nicht*
48	*Insgesamt bin ich mit meiner Schule (bitte ankreuzen):*					

Fragebogen für Schülerinnen und Schüler		1	2	3	4	5
Werte bitte die folgenden Aussagen mit einem Kreuz in den Spalten 1–4!		trifft voll zu	trifft zu	trifft eher nicht zu	trifft nicht zu	weiß ich nicht
Ziele und Anforderungen des Unterrichts						
1	Die Aufgaben, die mir gestellt werden, sind immer zu schwer.					
2	Wenn ich Schwierigkeiten habe, wird mir geholfen.					
3	Guten Schülern werden manchmal schwierige Aufgaben gestellt.					
4	Die Aufgaben, die mir gestellt werden, sind immer zu leicht.					
5	Es müsste mehr Wert auf Lesen, Schreiben und Rechnen gelegt werden.					
Inhalte, Methoden und Leistungsstandards						
6	Wir behandeln in mehreren Fächern gleichzeitig dasselbe Thema.					
7	Meine Hausaufgaben kann ich selbstständig erledigen.					
8	Ich weiß, welche Leistungen der Lehrer für eine gute Zensur erwartet.					
9	Die mündliche Zensur hängt davon ab, wie viel ich mich melde.					
10	Leistungen werden von den Lehrern gerecht bewertet.					
Das Miteinander von Lehrern und Schülern						
11	An unserer Schule achten wir auf das Einhalten von Regeln.					
12	Wir haben uns auf Klassenregeln geeinigt.					
13	Die Lehrer achten zu wenig auf das Einhalten von Regeln.					
14	Ich kann schlecht aufpassen, weil Mitschüler den Unterricht stören.					
15	Es gibt häufig ernsthafte Prügeleien.					

	Schulzufriedenheit					
16	*Ich fühle mich an meiner Schule sehr wohl.*					
17	*Ich fühle mich in meiner Klasse sehr wohl.*					
18	*Probleme besprechen wir gemeinsam in der Klasse.*					
19	*Die Lehrer verstehen sich untereinander gut.*					
20	*Einzelne Schüler werden oft geärgert.*					
	Schul-, Klassen- und Fachräume					
21	*Ich fühle mich in unserem Klassenraum wohl.*					
22	*Ich kann in meinem Klassenraum gut lernen.*					
	Die Leitung der Schule					
23	*Wir können mit unseren Problemen zum Schulleiter gehen.*					
	Weiteres					
		sehr zufrieden	*zufrieden*	*eher nicht zufrieden*	*gar nicht zufrieden*	*weiß ich nicht*
24	*Insgesamt bin ich mit meiner Schule (bitte ankreuzen):*					

Fragebogen für Eltern		1	2	3	4	5
Werten Sie bitte die folgenden Aussagen mit einem Kreuz in den Spalten 1–4!		trifft voll zu	trifft zu	trifft eher nicht zu	trifft nicht zu	weiß ich nicht
Ziele und Anforderungen des Unterrichts						
1	Die Leistungsanforderungen an der Schule sind zu hoch.					
2	Schüler mit Lernschwächen werden an der Schule besonders gefördert.					
3	Leistungsstärkere Schüler werden an der Schule besonders gefördert.					
4	Die Leistungsanforderungen an unserer Schule sind zu niedrig.					
5	Die Lehrer geben sich große Mühe, die Kinder zu fördern.					
6	Es müsste mehr Wert auf Lesen, Schreiben und Rechnen gelegt werden.					
Inhalte, Methoden, Organisationsformen und Leistungsstandards						
7	Die Lehrkräfte vermitteln unserem Kind genug Fachwissen.					
8	An unserer Schule erhält unser Kind eine gute Allgemeinbildung.					
9	Unser Kind kommt jeden Tag mit Hausaufgaben aus der Schule.					
10	Die Lehrer beurteilen die Leistungen unseres Kindes gerecht.					
Das Miteinander von Lehrern, Schülern und Eltern						
11	An unserer Schule wird auf das Einhalten von Regeln geachtet.					
12	Die Lehrkräfte achten zu wenig auf das Einhalten von Regeln.					
13	Gewalttätige Auseinandersetzungen zwischen Schülern kommen häufig vor.					
14	Regeln an der Schule sind mit den Eltern besprochen worden.					
Schulzufriedenheit						
15	Unser Kind geht gerne zur Schule.					
16	Wir würden unser Kind lieber auf einer anderen Schule sehen.					

17	*Probleme in unserer Klasse besprechen wir gemeinsam auf Elternabenden.*					
	Schul-, Klassen- und Fachräume					
18	*In unserem Klassenraum kann unser Kind gut lernen.*					
	Die Leitung der Schule					
19	*Wir werden bei Problemen von der Schulleitung ernst genommen.*					
20	*Die Schulleitung unterstützt und fördert die Elternarbeit.*					
21	*Die Schulleitung tut genug, um den Unterrichtsausfall gering zu halten.*					
	Weiteres					
		sehr zufrieden	*zufrieden*	*eher nicht zufrieden*	*gar nicht zufrieden*	*weiß ich nicht*
22	*Insgesamt bin ich mit meiner Schule (bitte ankreuzen):*					
23	*Unser Kind war im letzten Jahr von Formen von Gewalt betroffen.*	*ja*		*nein*		
24	*wenn ja, in welcher Form:*					

Index

Literatur

Burkard, Christoph; Eikenbusch, Gerhard: **Praxishandbuch Evaluation in der Schule.** Cornelsen Scriptor, 2000
ISBN 3-589-21351-5

Deutsche Gesellschaft für Evaluation: **Empfehlungen für die Aus- und Weiterbildung in der Evaluation.** Alfter, 2004
ISBN 3-00-013591-X

Deutsche Gesellschaft für Evaluation: **Standards für Evaluation.** Alfter, 2004
ISBN 3-00-009022-3

Jäger, Michael: **Unterrichtsevaluation, Grundprinzipien, Funktionen, Ablauf, Schulmanagement Handbuch 114.** Oldenbourg Schulbuchverlag, 2005
ISBN 3-486-91205-4

Meyer, Hilbert: **Was ist guter Unterricht?** Cornelsen Scriptor, 2004
ISBN 3-589-22047-3

Mittelstädt, Holger: **Effizientes Führen und Delegieren, Schulmanagement Handbuch 117.** Oldenbourg Schulbuchverlag, 2006
ISBN 3-486-91106-6

Mittelstädt, Holger u. a.: **Externe Evaluation, Fakten, Gründe, Schulmanagement Handbuch 114.** Oldenbourg Schulbuchverlag, 2005
ISBN 3-486-91405-7

Mittelstädt, Holger: **Basics für Junglehrer, Der optimale Einstieg in den Arbeitsplatz Schule.** Verlag an der Ruhr, 2006
ISBN 3-8346-0063-6

Mittelstädt, Holger: **Organisationshilfen für den Schulalltag.** Verlag an der Ruhr, 2004
ISBN 3-86072-915-2

Mittelstädt, Holger: **Praxishandbuch Öffentlichkeitsarbeit von Schulen.** Cornelsen Scriptor, 2000
ISBN 3-589-21416-3

Rademacher, Bärbel: **Das 8 x 8 der Evaluation.** AOL-Verlag, 2005
ISBN 3-86567-210-8

Riecke-Baulecke, Thomas: **Schule Plus, Managementmodell für wirksame Qualitätsentwicklung.** Oldenbourg Schulbuchverlag, 2004
ISBN 3-486-03429-4

Links

Gesellschaft für Evaluation:
www.degeval.de

Anbieter von Fortbildungen zum Thema Evaluation:
www.cornelsen-akademie.de

Einfaches Instrument zur Durchführung eines Evaluationsvorhabens:
www.grafstat.de

Bertelsmann-Stiftung „Selbstevaluation in Schulen" (SEIS):
www.das-macht-schule.de

Institut für Schulentwicklungsforschung Dortmund:
www.ifs.uni-dortmund.de

Schulmanagement-Institut GmbH:
www.schulmanagement-institut.de

Staatsinstitut für Schulpädagogik und Bildungsforschung, München,
Instrument „bilanz ziehen":
www.isb.bayern.de

Bundesarbeitsgemeinschaft Schule Wirtschaft, Instrument „Q-Prozess":
www.q-prozess.de